最新法律文件解读丛书

# 民事
# 法律文件解读

MINSHI FALÜ WENJIAN JIEDU

人民法院出版社 编

总第 245 辑 2025.05

人民法院出版社

**图书在版编目（CIP）数据**

民事法律文件解读．总第245辑 / 人民法院出版社编．北京 ： 人民法院出版社，2025．5．--（最新法律文件解读丛书）．-- ISBN 978-7-5109-4511-3

Ⅰ．D923.05；D925.105

中国国家版本馆CIP数据核字第20250MP612号

**民事法律文件解读·总第245辑**

人民法院出版社　编

---

**责任编辑**　杨　洁
**封面设计**　尹苗苗　王子莹
**出版发行**　人民法院出版社
**地　　址**　北京市东城区东交民巷27号　邮编　100745
**电　　话**　(010)67550656(责任编辑)　67550558(发行部查询)
　　　　　65223677(读者服务部)
**客服QQ**　2092078039
**网　　址**　http://www.courtbook.com.cn
**E - mail**　courtbook@sina.com
**印　　刷**　三河市国英印务有限公司
**经　　销**　新华书店
**开　　本**　787毫米×1092毫米　1/16
**字　　数**　115千字
**印　　张**　8
**版　　次**　2025年5月第1版　　2025年5月第1次印刷
**书　　号**　ISBN 978-7-5109-4511-3
**定　　价**　28.00元

# 卷首语

近年来，婚姻登记领域出现了一些新情况新需求。党中央、国务院出台一系列关于加强家庭、家教、家风建设的政策文件，对婚姻登记工作提出新要求，需要在《婚姻登记条例》（以下简称《条例》）中加以落实。2025 年 4 月 6 日，国务院总理李强签署第 804 号国务院令，公布修订后的《条例》，自 2025 年 5 月 10 日起施行。本辑在“行政法规、法规性文件与解读”栏目收录了该文件及其解读文章，以便司法实践中更加全面地理解和准确适用《条例》。

在“司法解释、司法指导性文件与解读”栏目，本辑专门收录了最高人民法院于 2025 年 2 月 12 日发布的《最高人民法院关于外币及港澳台货币逾期付款利息计算标准的批复》（以下简称《批复》），以及最高人民法院民四庭负责人对《批复》的解读文章，以便各地法院统一裁判尺度，使审判实践中对外币及港澳台货币逾期付款利息的计算标准更加一致。

此外，本辑在“新类型疑难案例选评”栏目收录了《李某群诉浙江某公司劳动争议案》一文。该文章从一则劳动争议案出发，对作出职业病认定前产生的医疗费用谁承担问题及如何认定医疗费用的合理性问题，从实务角度细化分析并提出相关建议，以期对审判实践有所裨益。

## 最新法律文件解读丛书
## 编 辑 部


兰丽专 （010）67550626

丁丽娜 （010）67550608

邓颖君 （010）67550682

杨 洁 （010）67550656

路建华 （010）67550682

丁塞峨 （010）67550656


**投稿邮箱：**


《刑事法律文件解读》 1932255340@ qq. com

《民事法律文件解读》 1216921515@ qq. com

《商事法律文件解读》 shangshijiedu@ 126. com

《行政与执行法律文件解读》 1290312696@ qq. com

# 目录

## 行政法规、法规性文件与解读



## 司法解释、司法指导性文件与解读

## 部门规章、规章性文件与解读



## 指导案例、典型案例与解读



## 新类型疑难案例选评

# 行政法规、法规性文件与解读

## 婚姻登记条例

（2003年8月8日中华人民共和国国务院令第387号公布　根据2024年12月6日《国务院关于修改和废止部分行政法规的决定》第一次修订　2025年4月6日中华人民共和国国务院令第804号第二次修订）

### 第一章　总　　则

**第一条**　为了规范婚姻登记工作，保障婚姻自由、一夫一妻、男女平等的婚姻制度的实施，保护婚姻当事人的合法权益，根据《中华人民共和国民法典》（以下简称民法典），制定本条例。

**第二条**　内地居民办理婚姻登记的机关是县级人民政府民政部门或者省、自治区、直辖市人民政府按照便民原则确定的乡（镇）人民政府。

中国公民同外国人，内地居民同香港特别行政区居民（以下简称香港居民）、澳门特别行政区居民（以下简称澳门居民）、台湾地区居民（以下简称台湾居民）、华侨办理婚姻登记的机关是省、自治区、直辖市人民政府民政部门或者省、自治区、直辖市人民政府民政部门确定的机关。

**第三条** 县级以上地方人民政府应当采取措施提升婚姻登记服务水平，加强对婚姻登记场所的规范化、便利化建设，为办理婚姻登记提供保障。

**第四条** 国务院民政部门统筹规划、完善全国婚姻基础信息库，会同外交、公安等有关部门以及最高人民法院建立健全信息共享机制，保障婚姻信息准确、及时、完整、安全。省、自治区、直辖市人民政府民政部门负责统筹本地区婚姻登记信息系统的建设、管理、维护和信息安全工作。

**第五条** 县级以上地方人民政府应当加强综合性婚姻家庭服务指导工作和婚姻家庭辅导服务体系建设，治理高额彩礼问题，倡导文明婚俗，促进家庭和谐，引导树立正确的婚恋观、生育观、家庭观。

婚姻登记机关应当提供婚姻家庭辅导服务，充分发挥婚姻家庭辅导师等专业人员和其他社会力量在婚前教育、婚姻家庭关系辅导等方面的作用。妇女联合会等组织协助和配合婚姻登记机关开展婚姻家庭辅导服务。

民政部门应当加强婚姻家庭辅导服务专业人员队伍建设，组织开展婚姻家庭辅导师职业培训，持续提升婚姻家庭辅导服务专业人员的职业素质和业务技能水平。

**第六条** 婚姻登记机关从事婚姻登记的工作人员应当接受婚姻登记业务培训，依照有关规定经考核合格，方可从事婚姻登记工作。

婚姻登记机关办理婚姻登记，不得收取费用。

婚姻登记机关及其工作人员在婚姻登记工作中发现疑似被拐卖、绑架的妇女的，应当依法及时向有关部门报告；发现当事人遭受家庭暴力或者面临家庭暴力的现实危险的，应当及时劝阻并告知受害人寻求救助的途径。

婚姻登记机关及其工作人员应当对在婚姻登记工作中知悉的个人隐

私、个人信息予以保密，不得泄露或者向他人非法提供。

## 第二章 结婚登记

**第七条** 内地居民结婚，男女双方应当亲自到婚姻登记机关共同申请结婚登记。

中国公民同外国人在中国内地结婚的，内地居民同香港居民、澳门居民、台湾居民、华侨在中国内地结婚的，男女双方应当亲自到本条例第二条第二款规定的婚姻登记机关共同申请结婚登记。

婚姻登记机关可以结合实际为结婚登记当事人提供预约、颁证仪式等服务。鼓励当事人邀请双方父母等参加颁证仪式。

**第八条** 申请结婚登记的内地居民应当出具下列证件和书面材料：

（一）本人的居民身份证；

（二）本人无配偶以及与对方当事人没有直系血亲和三代以内旁系血亲关系的签字声明。

申请结婚登记的香港居民、澳门居民、台湾居民应当出具下列证件和书面材料：

（一）本人的有效通行证或者港澳台居民居住证、身份证；

（二）经居住地公证机构公证的本人无配偶以及与对方当事人没有直系血亲和三代以内旁系血亲关系的声明。

申请结婚登记的华侨应当出具下列证件和书面材料：

（一）本人的有效护照；

（二）居住国公证机构或者有权机关出具的、经中华人民共和国驻该国使（领）馆认证的本人无配偶以及与对方当事人没有直系血亲和三代以内旁系血亲关系的证明，或者中华人民共和国驻该国使（领）馆出具的本人无配偶以及与对方当事人没有直系血亲和三代以内旁系血亲关系的证明。中华人民共和国缔结或者参加的国际条约另有规定的，按照国际条约规定的证明手续办理。

申请结婚登记的外国人应当出具下列证件和书面材料：

（一）本人的有效护照或者其他有效的国际旅行证件，或者外国人永久居留身份证等中国政府主管机关签发的身份证件；

（二）所在国公证机构或者有权机关出具的、经中华人民共和国驻该国使（领）馆认证或者该国驻华使（领）馆认证的本人无配偶的证明，或者所在国驻华使（领）馆出具的本人无配偶的证明。中华人民共和国缔结或者参加的国际条约另有规定的，按照国际条约规定的证明手续办理。

申请结婚登记的当事人对外国主管机关依据本条第三款、第四款提及的国际条约出具的证明文书的真实性负责，并签署书面声明。

**第九条** 申请结婚登记的当事人有下列情形之一的，婚姻登记机关不予登记：

（一）未到法定结婚年龄的；

（二）非男女双方完全自愿的；

（三）一方或者双方已有配偶的；

（四）属于直系血亲或者三代以内旁系血亲的。

**第十条** 婚姻登记机关应当核对结婚登记当事人出具的证件、书面材料，询问相关情况，并对当事人的身份以及婚姻状况信息进行联网核对，依法维护当事人的权益。对当事人符合结婚条件的，应当当场予以登记，发给结婚证；对当事人不符合结婚条件不予登记的，应当向当事人说明理由。

**第十一条** 要求结婚的男女双方未办理结婚登记的，应当补办登记。男女双方补办结婚登记的，适用本条例结婚登记的规定。

**第十二条** 因胁迫结婚的，受胁迫的当事人可以依据民法典第一千零五十二条的规定向人民法院请求撤销婚姻。一方当事人患有重大疾病的，应当在结婚登记前如实告知另一方当事人；不如实告知的，另一方当事人可以依据民法典第一千零五十三条的规定向人民法院请求撤销婚姻。

## 第三章　离婚登记

**第十三条**　内地居民自愿离婚的，男女双方应当签订书面离婚协议，亲自到婚姻登记机关共同申请离婚登记。

中国公民同外国人在中国内地自愿离婚的，内地居民同香港居民、澳门居民、台湾居民、华侨在中国内地自愿离婚的，男女双方应当签订书面离婚协议，亲自到本条例第二条第二款规定的婚姻登记机关共同申请离婚登记。

离婚协议应当载明双方自愿离婚的意思表示和对子女抚养、财产以及债务处理等事项协商一致的意见。

**第十四条**　申请离婚登记的当事人有下列情形之一的，婚姻登记机关不予受理：

（一）未达成离婚协议的；

（二）属于无民事行为能力人或者限制民事行为能力人的；

（三）其结婚登记不是在中国内地办理的。

**第十五条**　申请离婚登记的内地居民应当出具下列证件：

（一）本人的居民身份证；

（二）本人的结婚证。

申请离婚登记的香港居民、澳门居民、台湾居民、华侨、外国人除应当出具前款第二项规定的证件外，香港居民、澳门居民、台湾居民还应当出具本人的有效通行证或者港澳台居民居住证、身份证；华侨、外国人还应当出具本人的有效护照或者其他有效的国际旅行证件，或者外国人永久居留身份证等中国政府主管机关签发的身份证件。

**第十六条** 婚姻登记机关应当在法律规定期限内，根据当事人的申请，核对离婚登记当事人出具的证件、书面材料并询问相关情况。对当事人确属自愿离婚，并已经对子女抚养、财产以及债务处理等事项协商一致，男女双方亲自到收到离婚登记申请的婚姻登记机关共同申请发给离婚证的，婚姻登记机关应当当场予以登记，发给离婚证。

当事人未在法律规定期限内申请发给离婚证的，视为撤回离婚登记申请，离婚登记程序终止。

**第十七条** 婚姻登记机关在办理离婚登记过程中，可以根据情况及时对离婚登记当事人开展心理辅导、调解等工作。

**第十八条** 离婚后，男女双方自愿恢复婚姻关系的，应当依照本条例规定到婚姻登记机关重新申请结婚登记。

## 第四章 婚姻登记档案管理

**第十九条** 婚姻登记机关应当建立婚姻登记档案。婚姻登记档案应当长期保管并按规定为当事人或者有权机关提供查询服务。具体管理办法由国务院民政部门会同国家档案管理部门规定。

**第二十条** 婚姻登记机关收到人民法院确认婚姻无效或者撤销婚姻的判决书副本后，应当在当事人的婚姻登记档案中及时备注婚姻无效或者撤销婚姻的信息，并将相关信息上传至全国婚姻基础信息库。

**第二十一条** 当事人需要补领结婚证或者离婚证的，可以持居民身份证或者本条例第八条第二款至第四款规定的有效身份证件向婚姻登记机关申请办理。

婚姻登记机关对当事人的婚姻登记档案进行查证，确认属实的，应当为当事人补发结婚证或者离婚证。

## 第五章 法律责任

**第二十二条** 婚姻登记机关及其工作人员有下列行为之一的，对负有责任的领导人员和直接责任人员依法依规给予处分：

（一）为不符合婚姻登记条件的当事人办理婚姻登记的；

（二）违反规定泄露或者向他人非法提供婚姻登记工作中知悉的个人隐私或者个人信息的；

（三）玩忽职守造成婚姻登记档案损毁、灭失的；

（四）办理婚姻登记收取费用的；

（五）其他违反本条例规定的行为。

违反前款第四项规定收取的费用，应当退还当事人。

**第二十三条** 当事人应当对所出具证件和书面材料的真实性、合法性负责，出具虚假证件或者书面材料的，应当承担相应法律责任，相关信息按照国家有关规定记入信用记录，并纳入全国信用信息共享平台。

**第二十四条** 违反本条例规定，构成违反治安管理行为的，依法给予治安管理处罚；构成犯罪的，依法追究刑事责任。

## 第六章 附 则

**第二十五条** 中华人民共和国驻外使（领）馆可以依照本条例的有关规定，为男女双方均居住于驻在国的中国公民办理婚姻登记。

**第二十六条** 男女双方均非内地居民的中国公民在内地办理婚姻登记的具体办法，由国务院民政部门另行制定。

**第二十七条** 本条例规定的婚姻登记证由国务院民政部门规定式样并监制。

**第二十八条** 本条例自2025年5月10日起施行。

# 解读修订后的《婚姻登记条例》*

司法部、民政部负责人

2025年4月6日，国务院总理李强签署第804号国务院令，公布修订后的《婚姻登记条例》（以下简称《条例》），自2025年5月10日起施行。司法部、民政部负责人对《条例》进行了解读。

## 一、《条例》的修订背景

党中央、国务院高度重视婚姻家庭工作。习近平总书记强调，要重视家庭文明建设，注重家庭、注重家教、注重家风，促进家庭和谐，使千千万万个家庭成为国家发展、民族进步、社会和谐的重要基点；要积极培育新型婚育文化，加强对年轻人婚恋观、生育观、家庭观的引导。① 现行《条例》自2003年10月1日施行以来，对规范婚姻登记工作、保障婚姻制度实施、保护婚姻当事人合法权益发挥了重要作用。近年来，婚姻登记领域出现了一些新情况新需求。党中央、国务院出台一系列关于加强家庭家教家风建设的政策文件，对婚姻登记工作提出新要求，需要在《条例》中加以落实。自2021年6月起，经国务院批准，全国陆续有21个省（自治区、直辖市）开展了两轮婚姻登记“跨省通办”试点工作，并于2025年5月结束，需要将改革成果明确为法律制

* 编者根据《司法部、民政部负责人就〈婚姻登记条例〉修订答记者问》（载民政部网站）整理。

① 参见《习近平在2015年春节团拜会上的讲话》，载《人民日报》2015年2月18日第2版；习近平：《坚定不移走中国特色社会主义妇女发展道路 组织动员广大的妇女为中国式现代化建设贡献巾帼力量》，载《人民日报》2023年10月31日第1版。

度。因此，有必要对现行《条例》作出修订。

## 二、《条例》在婚姻家庭服务方面新增的规定

一是规定县级以上地方人民政府加强综合性婚姻家庭服务指导工作和婚姻家庭辅导服务体系建设，倡导文明婚俗，促进家庭和谐，引导树立正确的婚恋观、生育观、家庭观。二是明确婚姻登记机关应当提供婚姻家庭辅导服务，充分发挥婚姻家庭辅导师等专业人员和其他社会力量在婚前教育、婚姻家庭关系辅导等方面的作用；妇女联合会等组织协助和配合做好相关工作。三是要求民政部门加强专业人员队伍建设，提升专业人员的职业素质和业务技能水平。

## 三、《条例》关于婚姻登记“全国通办”的规定

婚姻登记“全国通办”是婚姻登记制度改革的重要举措。此前，全国21个省（自治区、直辖市）开展的“跨省通办”试点工作，方便了群众异地办理婚姻登记，社会反响良好，运行平稳顺利。《条例》此次修订在总结试点经验的基础上，深化婚姻登记制度改革，实行婚姻登记“全国通办”，进一步提高便利性。实行“全国通办”后，当事人申请结婚登记、离婚登记、补领结婚证或者离婚证，可以在《条例》规定的婚姻登记机关办理。同时，为了确保婚姻信息准确、及时、完整、安全，《条例》增加规定国务院民政部门统筹规划、完善全国婚姻基础信息库，会同有关单位建立健全信息共享机制等，并要求婚姻登记机关做好联网核对工作。

## 四、《条例》在优化婚姻登记服务方面的规定

一是规定县级以上地方人民政府应当采取措施提升婚姻登记服务水平，加强对婚姻登记场所的规范化、便利化建设，为办理婚姻登记提供

保障。二是明确婚姻登记机关可以结合实际为当事人提供预约、颁证仪式等服务。鼓励当事人邀请双方父母等参加颁证仪式。三是要求婚姻登记机关依法核对当事人出具的证件、书面材料，询问相关情况，并对当事人的身份以及婚姻状况信息进行联网核对，依法维护当事人的权益。

## 五、《条例》在婚姻登记程序和婚姻登记档案管理方面的规定

《条例》设专章分别对结婚登记、离婚登记、婚姻登记档案管理作出规定。一是结婚登记方面。《条例》明确，男女双方应当亲自到婚姻登记机关共同申请结婚登记，并对结婚登记所需证件材料、不予登记情形、补办结婚登记等作了规定。二是离婚登记方面。《条例》明确，男女双方应当签订书面离婚协议，亲自到婚姻登记机关共同申请离婚登记。婚姻登记机关应当在法律规定期限内，根据当事人的申请办理离婚登记。对离婚登记所需证件材料、不予受理情形等也作了规定。三是婚姻登记档案管理方面。《条例》规定，婚姻登记档案应当长期保管，按规定为当事人或者有权机关提供查询服务，并按规定上传至全国婚姻基础信息库。

## 六、确保《条例》顺利实施的重点工作

一是加大宣传解读力度，组织地方民政部门通过多种形式集中开展专题学习培训，推动婚姻登记机关工作人员准确掌握《条例》修订的主要内容和实践要求，提高贯彻执行能力水平。二是完善配套政策，修订婚姻登记工作规范等文件，进一步完善婚姻登记配套政策措施，加强婚姻登记规范化管理。三是面对社会关切，及时做好对婚姻登记领域群众关心问题的答疑解惑。

# 司法解释、司法指导性文件与解读

最高人民法院

## 关于外币及港澳台货币逾期付款利息计算标准的批复

法释〔2025〕2号

（2024年11月25日最高人民法院审判委员会第1933次会议通过
2025年2月12日最高人民法院公告公布
自2025年2月13日起施行）

**各省、自治区、直辖市高级人民法院，解放军军事法院，新疆维吾尔自治区高级人民法院生产建设兵团分院：**

近来，部分高级人民法院就外币及港澳台货币逾期付款计算利息损失时如何确定相关利率提出请示。经研究，批复如下：

一、外币逾期付款情形下，当事人就逾期付款主张利息损失时，对利率计算标准有约定的，按当事人约定处理。但是双方约定的利率计算标准超过案涉纠纷适用的准据法规定上限的，对超过的部分不予支持。

二、当事人没有约定利率计算标准或者约定不明时，依据下列方式确定逾期付款利息的计算标准：

（一）对于美元逾期付款利息的计算标准，可以依据中国人民银行官网定期公开发布的《中国货币政策执行报告》附表中公布的 3 个月以内、3（含）至 6 个月、6（含）至 12 个月、1 年、1 年以上美元贷款平均利率，由人民法院根据案件具体情况予以确定。

（二）对于欧元、英镑、日元、澳大利亚元、瑞士法郎、加拿大元、新西兰元、新加坡元逾期付款利息的计算标准，可以分别参考欧元银行间同业拆借利率（EURIBOR）、英镑隔夜平均利率（SONIA）、东京隔夜平均利率（TONA）、澳大利亚元银行票据利率（BBSW）、瑞士法郎担保隔夜利率（SARON）、加拿大元担保隔夜利率（CORRA）、新西兰元银行票据利率（BKBM）、新加坡元无担保隔夜利率（SORA）确定。

（三）对于其他外币逾期付款利息的计算标准，可以参考相关国家中央银行官方网站公布的该币种基准利率确定。

三、对于港币、澳门元、新台币逾期付款利息的计算标准，当事人有约定的，参照本批复第一条的规定执行。当事人没有约定或者约定不明的，可以分别参考香港银行间同业拆借利率、澳门元综合利率、新台币基本放款利率确定。

## 解读《最高人民法院关于外币及港澳台货币逾期付款利息计算标准的批复》*

最高人民法院民四庭负责人

2025 年 2 月 12 日，最高人民法院发布《最高人民法院关于外币及港澳台货币逾期付款利息计算标准的批复》（以下简称《批复》）。为

* 编者根据《最高人民法院民四庭负责人就〈最高人民法院关于外币及港澳台货币逾期付款利息计算标准的批复〉答记者问》（载最高人民法院网站）整理。

更好地理解和适用《批复》，最高人民法院民四庭负责人对《批复》进行了解读。

## 一、《批复》发布的背景、起草经过和重要意义

涉外及涉港澳台民商事审判实践中，跨境货物买卖、借贷、承揽等各类合同纠纷经常涉及逾期付款利息的认定问题。当合同约定的币种为外币以及港澳台货币，但合同没有就逾期付款明确约定违约金或违约损失的计算方法时，人民法院就需要通过确定外币及港澳台货币的利率标准来计算逾期付款利息的金额。伴随着中国人民银行深化外币利率市场化改革步伐的推进，自 2015 年 5 月以来外币存贷款利率全部市场化，中国人民银行不再对外公布统一的外币存贷款利率。因此，各地法院审判实践中对外币及港澳台货币逾期付款利息的计算标准不一致，不利于裁判尺度的统一，亟须加以规范。部分高级人民法院亦就该问题向最高人民法院提出了请示。

我们在深入调研，并向立法机关、利率主管机关、外汇管理机构、商务主管部门等征求意见的基础上，对外币的逾期付款利息计算标准作出了明确规定。此外，在审理涉港澳台民商事案件时，如何确定港币、澳门元、新台币逾期付款利息的计算标准，亦是司法实践中十分常见的问题。为此，《批复》专门对港币、澳门元、新台币逾期付款利息的计算标准作了规定。

## 二、《批复》的主要内容和相关外币逾期付款利息的计算标准

《批复》对外币逾期付款利息的计算标准，分为当事人有约定和无约定两种情形。

第一，当事人事先约定了逾期利率的计算标准或者事后就此达成一致意见的，根据尊重当事人意思自治原则，按照当事人约定来计算逾期付款利息。由于涉外民商事纠纷可能适用不同的准据法，不同国家的法

律对于逾期付款利息有不同的规定，不少国家有最高利率的限制，因此，《批复》第一条在按当事人约定处理的基础上，规定了约定的逾期利率计算标准超过案涉纠纷适用的准据法规定之上限的，对超过的部分不予支持。

第二，对于当事人没有约定逾期利率的计算标准或者约定不明的情形，《批复》分别对美元、欧元、英镑等常见外币逾期付款利息的计算标准确定了适用的利率标准；对于其他外币逾期付款利息的计算标准，则规定可以参考相关国家中央银行官方网站公布的该币种基准利率予以确定。

在选择外币币种逾期付款利息的适用利率标准时，主要考虑了利率标准的权威性、适用广泛性、执行便利性等因素。以常见的美元为例，目前，关于美元的利率标准主要有：（1）中国人民银行官网定期公开发布的《中国货币政策执行报告》附表中公布的美元贷款平均利率。该利率期限较为完整，分为 3 个月以内、3（含）至 6 个月、6（含）至 12 个月、1 年、1 年以上五个不同期限，该利率标准更接近企业能获得的实际贷款利率。（2）美元担保隔夜融资利率（SOFR）。该利率是纽约联邦储备银行和美国财政部金融研究办公室共同编制的新基准利率。（3）境内美元同业拆放参考利率（CIROR）。该利率是由中国外汇交易中心根据境内信用等级较高、外币定价能力较强的银行报价计算并发布的，以单利计息、无担保、批发性的外币拆出利率，是境内银行间市场常用的美元利率价格，也是境内银行内部美元资金成本定价的参考价格，按日在中国外汇交易中心官网发布。经综合考虑，并参考利率主管机关中国人民银行的建议，以第一种利率即美元贷款平均利率作为美元逾期付款利息的计算标准。

由于外币币种较多，无法一一列举，对于没有明确提及的外币，《批复》明确其逾期付款利息的计算可以参考相关国家中央银行官方网站公布的该币种基准利率确定。最高人民法院将根据涉外审判实践的需要，与相关外币利率主管部门定期联系，适时在最高人民法院相关网站上公布查询网址。

## 三、如何理解和把握《批复》规定的港币、澳门元、新台币的逾期付款利息计算标准

《批复》第三条专门对港币、澳门元、新台币逾期付款利息的计算标准作了规定。当事人有约定的，参照《批复》第一条的规定执行，即当事人约定优先，但当事人约定的利率计算标准超过案涉纠纷适用的准据法规定上限的，对超过的部分不予支持。当事人对逾期付款利息的计算没有约定或者约定不明的，则分别参考香港银行间同业拆借利率、澳门元综合利率、新台币基本放款利率确定。

最高人民检察院　生态环境部

# 关于印发《关于加强生态环境损害赔偿与检察公益诉讼衔接的意见》的通知

2024年9月30日　　高检发办字〔2024〕237号

**各省、自治区、直辖市人民检察院、生态环境厅（局），新疆生产建设兵团人民检察院、生态环境局：**

为深入贯彻落实习近平生态文明思想、习近平法治思想，完善生态环境公益诉讼制度，深入推进生态环境损害赔偿制度改革，进一步规范

和加强生态环境损害赔偿与检察公益诉讼衔接工作，最高人民检察院与生态环境部共同制定了《关于加强生态环境损害赔偿与检察公益诉讼衔接的意见》，现印发给你们。请结合本地实际，认真贯彻落实。执行中遇到的问题，请及时层报最高人民检察院、生态环境部。

## 关于加强生态环境损害赔偿与检察公益诉讼衔接的意见

为深入践行习近平生态文明思想、习近平法治思想，加强生态环境损害赔偿与检察公益诉讼有序衔接，凝聚更强生态环境治理法治合力，根据《中华人民共和国民法典》《中华人民共和国民事诉讼法》《生态环境损害赔偿制度改革方案》《生态环境损害赔偿管理规定》等有关规定，制定本意见。

**第一条** 检察机关、生态环境部门开展生态环境民事公益诉讼和生态环境损害赔偿工作，坚持依法规范、分工合作、互相支持、协作配合、信息共享，努力实现政治效果、社会效果、法律效果的有机统一。

**第二条** 各地生态环境部门发现或者接到生态环境损害赔偿案件线索，决定立案启动索赔程序的，应当在作出决定之日起十五日内通报同级检察机关。

**第三条** 检察机关受理生态环境民事公益诉讼案件线索后，发现符合生态环境损害赔偿条件的，可以在公告时通报同级生态环境部门。生态环境部门未在检察机关公告期内函告的，视为不立案启动索赔程序，检察机关可以依法提起生态环境民事公益诉讼。

**第四条** 上级检察机关、生态环境部门可以开展联合挂牌督办涉及生态环境损害的相关案件线索。

**第五条** 检察机关办理破坏生态环境损害公益的刑事案件，可以依法督促赔偿义务人配合生态环境部门开展生态环境损害赔偿磋商，承担生态环境损害修复赔偿责任，并结合生态环境损害修复及赔偿情况提出量刑建议。

**第六条** 生态环境部门开展索赔磋商时，可以在正式磋商前，邀请检察机关参加。检察机关决定派员参加磋商的，应当告知参加磋商检察人员的姓名和法律职务。

**第七条** 生态环境部门与赔偿义务人达成生态环境损害赔偿协议的，可以同步抄送同级检察机关。磋商程序或者生态环境损害赔偿协议内容违反相关法律规定，损害国家利益或者社会公共利益的，检察机关可以依法提出纠正意见。

生态环境部门与赔偿义务人磋商不成，应当提起诉讼而未按期提起诉讼的，检察机关可以函告督促起诉。

**第八条** 生态环境部门组织开展生态环境损害赔偿磋商或者诉讼，可以商请检察机关协助调查取证、提供法律咨询等。

生态环境部门提起生态环境损害赔偿诉讼，可以书面申请同级检察机关支持起诉。检察机关决定支持起诉的，应当制作《支持起诉意见书》，并在送达人民法院时同步抄送生态环境部门；决定不支持起诉的，应当函告生态环境部门。

检察机关提起生态环境民事公益诉讼，可以商请生态环境部门在调查取证、鉴定评估等方面提供支持协助。检察机关的诉讼请求中包含生态环境部门已垫付的应急处置、检验、鉴定、评估等费用的，生态环境部门应当协助提供支出相关费用合法性、必要性的证据材料。

**第九条** 生态环境损害赔偿工作或者生态环境民事公益诉讼结束后，发现存在新的或者遗漏的生态环境损害行为，检察机关、生态环境部门可以协商依法提起新的诉讼或者开展索赔工作。

生态环境部门签署生态环境损害赔偿协议、提起生态环境损害赔偿诉讼未完全涵盖该案件涉及的赔偿范围，检察机关可以依法提起生态环境民事公益诉讼。

**第十条** 生态环境部门对赔偿义务人不履行、未完全履行生态环境损害赔偿生效裁判或者经司法确认的赔偿协议，申请人民法院强制执行的，可以将相关材料通报同级检察机关。检察机关应当及时跟进，依法对人民法院执行活动实行法律监督。

**第十一条** 检察机关、生态环境部门可以共建生态环境修复基地。

**第十二条** 检察机关、生态环境部门可以联合开展普法宣传、警示教育、典型案例评选等活动，引导人民群众参与、支持生态环境保护工作，营造生态环境全民共治的良好氛围。

**第十三条** 本意见由最高人民检察院会同生态环境部负责解释。

# 解读《最高人民检察院、生态环境部关于加强生态环境损害赔偿与检察公益诉讼衔接的意见》

吕洪涛 易小斌 孙森森*

2024年9月，最高人民检察院和生态环境部联合发布了《关于加强生态环境损害赔偿与检察公益诉讼衔接的意见》（以下简称《意见》）。现就《意见》制定起草的主要背景和意义、主要内容及其理解适用作一些介绍和解读。

## 一、制定《意见》的背景和意义

党的十八大以来，以习近平同志为核心的党中央高度重视生态文明建设，大力推进生态文明理论创新、实践创新、制度创新，统筹加强推

* 作者单位：最高人民检察院公益诉讼检察厅。

进生态文明顶层设计和制度体系建设。在此背景下，生态环境损害赔偿制度和检察公益诉讼制度应运而生，成为生态文明制度体系建设的重要组成部分。生态环境损害赔偿制度和检察公益诉讼制度于2015年分别在部分省市开展两年试点，2017年随着行政诉讼法、民事诉讼法的修改和中共中央办公厅、国务院办公厅印发《生态环境损害赔偿制度改革方案》，在制度层面得以确立。2020年颁布的民法典新增生态环境损害救济条款，为两项制度提供了重要的实体法依据。经过十年实践，两项制度的实施有力推动解决了一批存续时间长、影响范围广、各方反映强烈的生态环境问题，在服务美丽中国建设、促进经济社会发展全面绿色转型方面发挥了重要作用。

但实践中也发现两项制度在适用范围、功能作用等方面存在部分重合，出现衔接不畅的问题，影响生态环境公益保护合力的形成。例如，由于检察机关和行政机关信息沟通不及时，针对同一损害生态环境行为，同时或先后启动程序，重复开展调查取证工作或向法院提起诉讼的情况时有发生，不仅增加了司法和行政成本，还不利于节约资源。对此，检察机关一方面通过办案探索两项制度的衔接规则，协同解决生态环境损害赔偿问题；另一方面通过建立制度机制明确衔接规则，北京、上海、重庆、吉林等15个省级检察院单独或联合其他部门出台生态环境损害赔偿与检察公益诉讼衔接机制，取得积极成效。为解决现有法律规范对两项制度衔接规则规定不明确、地方探索性制度层级较低、相应衔接规则不成体系的问题，有必要从顶层制度设计层面作出专门规范，为两项制度的顺畅衔接提供制度保障，以适应实践需求。

制定《意见》是深入贯彻落实党中央关于生态文明建设部署要求的具体举措，有利于避免重复工作导致司法资源浪费，有利于为实践中遇到的问题提供操作性指引，有利于进一步加强两项制度的程序衔接，提高生态环境公益保护实效。最高人民检察院联合生态环境部将制定《意见》纳入工作日程后，坚持实践导向、问题导向、目标导向，在充分调查研究和吸收地方实践经验做法的基础上，认真研究起草初稿并征求地方检察机关和生态环境部门意见，经过多次论证修改形成《意见》。

## 二、《意见》主要内容和适用中需要把握的重点问题

《意见》除引言外，共计13条。主要包括两项制度衔接的原则（第一条）、程序启动和线索移送衔接（第二条和第三条）、联合挂牌督办案件（第四条）、涉及刑事案件的程序衔接（第五条）、检察机关和生态环境部门相互支持的程序和方式（第六条至第八条）、在诉讼和执行中的衔接方式（第九条和第十条）、共建生态修复基地（第十一条）、共同开展宣传普法等工作（第十二条）、解释主体和权限条款（第十三条）。

### （一）关于两项制度衔接的原则

《意见》第一条规定了两项制度衔接的原则。生态环境民事公益诉讼和生态环境损害赔偿制度的建立都是为了解决生态环境公益受损后，缺乏适格主体依法追究侵害主体的生态环境损害责任问题。前者是检察机关依据行政诉讼法和民事诉讼法相关规定作为法定授权主体，后者是由省级、市地级政府依据《生态环境损害赔偿制度改革方案》作为赔偿权利人，依法追究污染环境和破坏生态的违法主体造成的除人身、财产损害之外的生态环境本身损害的修复和赔偿责任。尽管建立两项制度的目的之一均是修复生态环境受损公益，但毕竟二者在制度依据、提起主体、程序规则等方面存在差异，是相互独立的制度设计，因此，《意见》第一条规定检察机关和生态环境部门开展生态环境民事公益诉讼和生态环境损害赔偿工作，应当坚持依法规范、分工合作、互相支持、协作配合、信息共享的原则。一方面，检察机关和生态环境部门开展生态环境民事公益诉讼和生态环境损害赔偿工作，必须在法律授权的范围内依法开展。尤其是检察机关应当恪守法律监督机关的宪法定位和检察

公益诉讼作为督促之诉的性质，不能超越法律授权规定代替生态环境部门开展工作。另一方面，检察机关和生态环境部门在法律授权范围内，在做到分工明确、独立履职的同时，还要互相支持、协作配合，避免出现信息共享不及时导致的重复劳动、遗漏侵害主体、遗漏诉讼请求等问题，凝聚生态环境公益保护合力。

（二）关于信息通报制度

为了有效解决两项制度在程序启动、线索移送等方面可能存在的衔接不畅问题，《意见》第二条和第三条对此专门作出规定，明确了通报起算时间、具体时限等问题。

《意见》第二条规定了通报起算时间、具体时限及对象。实践中，信息共享不及时，存在针对同一损害生态环境行为，检察机关和行政机关同时或先后启动生态环境民事公益诉讼和生态环境损害赔偿索赔程序的情况，导致重复调查取证、鉴定评估等问题，不仅造成公共资源浪费，还可能造成重复追偿。虽然生态环境部等 11 部门联合发布的《关于推进生态环境损害赔偿制度改革若干具体问题的意见》① 规定了赔偿权利人指定的部门或机构，在启动生态环境损害赔偿调查后可以同时告知相关检察机关，但未对具体时限作出规定，通报对象也不明确。《意见》第二条明确规定生态环境部门通报时间的起算点是行政机关立案启动索赔程序的决定作出时，时限是 15 日，通报对象是与生态环境部门相对应的同级检察机关。

《意见》第三条规定了检察机关启动生态环境民事公益诉讼与生态环境损害赔偿程序的衔接问题。根据《最高人民法院、最高人民检察院关于检察公益诉讼案件适用法律若干问题的解释》第十三条和《人

① 已于 2025 年 1 月 13 日被生态环境部等十二部门联合发布的《关于深入推进生态环境损害赔偿制度改革若干具体问题的意见》废止。——编者注

民检察院公益诉讼办案规则》第九十一条的规定，检察机关在履行职责中发现破坏生态环境和资源保护、食品药品安全领域侵害众多消费者合法权益等损害社会公共利益的行为，拟提起公益诉讼的，应当依法公告。公告时，检察机关可以通报同级生态环境部门，生态环境部门未在公告期内函告的，视为不立案启动索赔程序。之所以作出如此规定，主要是因为生态环境领域公益保护工作具有及时性要求。若由于生态环境部门未在公告期间及时函告，检察机关还要继续等待，将不利于公益保护。需要注意的是，《意见》第三条规定检察机关通报的内容是“符合生态环境损害赔偿条件”的案件线索，是否符合条件应当结合《生态环境损害赔偿制度改革方案》适用范围和《最高人民法院关于审理生态环境损害赔偿案件的若干规定（试行）》第一条的规定进行判断。

需要说明的是，《意见》第二条和第三条没有明确规定通报的具体方式，主要是考虑到各地通报或者抄送的方式和频次尚不统一，有的通过正式的公函告知，有的通过电话等方式口头通知；有的定期通知，有的发现案件后及时通知。我们认为，不宜给各地正常工作开展造成负担，通报方式和频次可以灵活多样，只要能够避免由于信息沟通不及时造成重复工作即可。

另外，实践中经常会遇到针对同一损害生态环境行为，检察机关已经启动生态环境民事公益诉讼程序后，收到行政机关立案启动索赔程序决定的情况。由于目前相关法律和司法解释尚无明确规定，有的地方检察机关对生态环境民事公益诉讼作出终结案件决定，有的则作出中止审查决定。我们认为，此时不宜作出终结案件决定。根据《人民检察院公益诉讼办案规则》第九十条第一款第二项规定，只有“生态环境损害赔偿权利人与赔偿义务人经磋商达成赔偿协议，或者已经提起生态环境损害赔偿诉讼的”人民检察院才能够终结案件。如果只是收到行政机关立案启动索赔程序的决定，并不符合该条款规定。此外，还涉及检察机关后续是否支持起诉以及持续跟进监督生态环境损害赔偿索赔程序是否存在遗漏诉讼请求、不当调解等问题。因此，此类情形应当作出中止审查决定，根据案件进展情况，符合相应条件的作出终结案件决定或者恢复审查决定。

### （三）关于程序衔接问题

检察公益诉讼与生态环境损害赔偿诉讼在程序上均包括提起诉讼前和提起诉讼后两个阶段。《意见》第四条、第五条、第九条和第十条分别规定了两项制度在提起诉讼前和提起诉讼后的程序衔接规则。

《意见》第四条规定了上级检察机关、生态环境部门可以开展联合挂牌督办涉及生态环境损害的相关案件线索。检察机关和生态环境部门各自发现或者相互之间移送相关案件线索后，认为案件线索重大的，可以由双方共同挂牌督办，这有利于加大对生态环境损害问题的解决力度。该项措施在实践中取得了良好成效，本次制定《意见》过程中对此专门作出规定。

《意见》第五条规定了破坏生态环境损害公益的刑事案件与生态环境损害赔偿程序的衔接。根据《最高人民法院、最高人民检察院关于检察公益诉讼案件适用法律若干问题的解释》第二十条第一款的规定，检察机关对破坏生态环境和资源保护犯罪行为提起刑事公诉时，可以向法院一并提起附带民事公益诉讼。根据以上规定，针对破坏生态环境损害公益的刑事公诉案件，检察机关一般可以通过刑事附带民事公益诉讼的方式一并解决惩罚犯罪和维护公益受损的问题。如果检察机关提起刑事公诉，行政机关已经立案启动生态环境损害赔偿程序，检察机关可以依法履职，做好衔接工作，依法适用认罪认罚从宽制度，督促赔偿义务人配合生态环境部门开展生态环境损害赔偿磋商，承担生态环境损害修复赔偿责任，并结合生态环境损害修复及赔偿情况提出量刑建议。

《意见》第九条规定了两项制度在提起诉讼后的程序衔接规则。《最高人民法院关于审理生态环境损害赔偿案件的若干规定（试行）》

第十六条至第十八条针对两项制度的诉讼衔接已经作出相应规定。《意见》第九条是对上述司法解释条款的进一步细化和完善。《意见》第九条第一款明确针对生态环境损害赔偿工作或者生态环境民事公益诉讼结束后，发现存在新的或者遗漏的生态环境损害行为，检察机关和生态环境部门可以就依法提起新的诉讼或者开展索赔工作进行协商，避免重复开展工作。同时，针对实践中达成赔偿协议或者提起生态环境损害赔偿诉讼未能涵盖案件涉及的赔偿范围，《意见》第九条第二款明确检察机关可以发挥补充作用，提起生态环境民事公益诉讼。

《意见》第十条明确检察机关在执行阶段可以开展跟进监督工作。针对赔偿义务人不履行、未完全履行生态环境损害赔偿生效裁判或者经司法确认的赔偿协议，生态环境部门申请法院强制执行的，可以将相关材料通报同级检察机关。检察机关应当及时跟进，依法对法院执行活动实行法律监督。之所以作出如此规定，是因为检察机关作为法律监督机关，根据民事诉讼法第二百四十六条，有权对民事执行活动实行法律监督。生态环境损害赔偿执行阶段是确保受损生态环境得到有效修复的“最后一公里”。检察机关在接到生态环境部门有关申请强制执行的通报材料后，应当按照法律规定认真审查，及时对符合条件的生态环境损害赔偿生效裁判或者赔偿协议执行活动开展检察监督工作。

### （四）关于协作配合问题

《意见》第六条至第八条规定了检察机关和生态环境部门之间协作配合的方式和程序。

《意见》第六条规定检察机关可以参加生态环境部门的磋商程序。参加的时间点是生态环境部门开展索赔磋商时，在正式磋商前；参加的途径主要是基于生态环境部门的邀请；是否参加，由检察机关根据具体情况决定，如果决定派员参加磋商的，应当告知参加磋商检察人员的姓名和法律职务。

《意见》第七条规定生态环境部门与赔偿义务人达成生态环境损害赔偿协议的，可以同步抄送同级检察机关。规定抄送制度主要是为了保障检察机关及时掌握生态环境损害赔偿协议内容和程序进展。发现赔偿协议内容违反法律规定，损害国家利益或者社会公共利益，或者磋商不成未及时提起诉讼的，检察机关应当履行法定监督职责，依法提出纠正意见或函告督促起诉，确保生态环境公益得到及时有效保护。此处需要明确的是，生态环境损害赔偿制度是省级、市地级政府作为赔偿权利人或者其指定的相关部门或机构，对污染环境和破坏生态的责任者依法追究生态环境本身损害的修复和赔偿责任，确立该制度的依据为《生态环境损害赔偿制度改革方案》和民法典相关法律条款。因此，生态环境部门是通过民事手段而非行政手段开展生态环境损害赔偿工作，不宜通过启动行政公益诉讼的方式督促其开展生态环境损害赔偿工作。

《意见》第八条规定检察机关和生态环境部门在生态环境损害赔偿和生态环境民事公益诉讼中相互支持配合的程序和方式。《意见》第八条第一款和第二款规定了检察机关支持生态环境部门开展磋商、提起诉讼的程序和方式。《人民检察院公益诉讼办案规则》第一百条第一项规定，生态环境损害赔偿权利人提起生态环境损害赔偿诉讼案件的，检察机关可以支持起诉；第一百零一条规定，支持起诉的方式主要包括提供法律咨询、协助调查取证、向法院提交支持起诉意见书等。《意见》第八条细化了上述规定，明确生态环境部门可以通过书面方式申请同级检察机关支持起诉，是否支持由检察机关依法作出决定，并分别制作相应文书。需要注意的是，该条规定的是由生态环境部门对应的“同级”检察机关支持起诉。《最高人民法院关于审理生态环境损害赔偿案件的若干规定（试行）》第三条规定，第一审生态环境损害赔偿诉讼案件由生态环境损害行为实施地、损害结果发生地或者被告住所地的中级以上法院管辖。中级人民法院认为确有必要的，可以在报请高级人民法院批准后，裁定将本院管辖的第一审生态环境损害赔偿诉讼案件交由具备审理条件的基层法院审理。基于同级监督原则，此类案件原则上由生态环境部门的同级检察机关支持起诉，法院裁定交由基层法院审理的，检察机关应按照程序移交基层法院对应的基层检察院支持起诉。《意见》第八条第三款规定了检察机关提起生态环境民事公益诉讼时，可以商请生态环境部门在调查取证、鉴定评估等方面提供支持协助。检察机关的诉讼请求中包含生态环境部门已垫付的应急处置、检验、鉴定、评估等费用的，生态环境部门应当协助提供支出相关费用合法性、必要性的证据材料。作出这样的规定，主要是为了避免调查取证不充分、鉴定评估不准确、重复起诉等问题，通过主动争取生态环境部门的支持配合，全面、及时、高效地保护受损的生态环境公益。

（五）其他规定

《意见》还规定了检察机关和生态环境部门之间的其他协作机制。第十一条规定，检察机关、生态环境部门可以共建生态环境修复基地。第十二条规定，检察机关、生态环境部门可以联合开展普法宣传、警示教育、典型案例评选等活动，引导人民群众参与、支持生态环境保护工作。第十三条是关于解释主体和权限的规定，《意见》由最高人民检察院会同生态环境部负责解释。

## 三、实践中需要继续探索的问题

《意见》主要是为了解决生态环境损害赔偿和检察公益诉讼衔接中普遍存在的突出问题而制定的程序规则，不涉及实体问题。检察机关在处理两项制度的关系时应准确把握作为法律监督机关的定位。一方面，根据《意见》规定的衔接规则及时跟进了解生态环境损害赔偿全流程进展情况，适时督促和支持生态环境部门开展生态环境损害赔偿工作，但不能直接介入代替其行使权利；另一方面，在生态环境损害赔偿制度发挥作用不充分时，发挥好公益诉讼检察职能的补充和兜底作用，使受损生态环境公益得到及时修复或者赔偿。

《意见》规定的主要内容是检察机关与生态环境部门通过实践探索已经达成共识的内容。针对尚未达成共识的问题或者实践中尚不成熟的经验做法，各地可以根据本地实际继续探索。检察机关应主动与生态环境部门进行沟通，及时总结实践探索中的经验做法，形成制度化成果，为将来完善两项制度的衔接提供样本。例如，关于办案期限问题，《关于推进生态环境损害赔偿制度改革若干具体问题的意见》中规定，磋商期限自赔偿权利人及其指定的部门或机构向义务人送达生态环境损害赔偿磋商书面通知之日起算，原则上不超过90日，磋商会议不超过三次。但针对磋商期限超过90日或者磋商会议超过三次的情况，提起诉讼的期限如何计算，以及检察机关如何介入等，现行法律法规及相关规定中并未明确，实践中也存在不同做法。又如，生态环境损害赔偿资金的管理和使用、生态环境损害修复中检察机关和生态环境部门的协作配合等问题，也需要继续探索。

（来源：《人民检察》2024年第22期）

最高人民法院

# 关于修改《最高人民法院关于认可和执行台湾地区法院民事判决的规定》的决定

法释〔2024〕14 号

（2024 年 10 月 29 日最高人民法院审判委员会第 1928 次会议通过
2024 年 12 月 17 日最高人民法院公布
自 2025 年 1 月 1 日起施行）

根据民事诉讼法修改和司法实践，现决定对《最高人民法院关于认可和执行台湾地区法院民事判决的规定》（法释〔2015〕13 号）作如下修改：

一、将引言修改为："为正确审理认可和执行台湾地区法院民事判决案件，依法保障海峡两岸民事主体的合法权益，根据民事诉讼法等相关法律规定，结合审判实践，制定本规定。"

二、将第一条修改为："台湾地区法院民事判决的当事人以及当事人的继承人、权利承受人可以根据本规定，作为申请人向人民法院申请认可和执行该判决，该判决中的对方当事人为被申请人。双方当事人都提出认可和执行申请的，均列为申请人。"

三、第三条增加一款，作为第二款："申请人仅提出认可台湾地区法院民事判决申请，人民法院对应否认可进行审查并作出裁定；台湾地区法院民事判决具有给付内容的，人民法院在受理认可申请及作出认可裁定时，应当向申请人释明其可以向人民法院申请执行。”

**四**、将第六条改为第五条，第二款修改为：“台湾地区当事人签名或者盖章的授权委托书应当履行相关公证或者查明手续，但授权委托书经人民法院法官线上视频或者线下见证签署，或者经中国大陆公证机关公证证明是在中国大陆签署的除外。”

增加一款，作为第三款：“持有台湾居民居住证的台湾地区当事人委托中国大陆执业律师或者其他人代理的，代理人向人民法院转交的授权委托书无需公证或者履行相关查明手续。”

**五**、将第七条第一款改为第六条第一款，修改为：“申请认可台湾地区法院民事判决，应当提交下列材料：

“（一）申请书，并按照被申请人人数提交副本；

“（二）判决正本或者经证明无误的副本；

“（三）判决确定证明书正本或者经证明无误的副本，依据台湾地区有关规定不需另行出具证明书的调解笔录等除外；

“（四）身份证明材料（申请人为自然人的，应当提交居民身份证、台湾居民居住证、台湾居民来往大陆通行证等身份证件复印件；申请人为法人或者非法人组织的，应当提交注册登记证书的复印件以及法定代表人或者主要负责人的身份证件复印件；申请人为当事人的继承人、权利承受人的，应当提交证明其继承人、权利承受人身份的证明材料）。”

增加一款，作为第二款：“身份证明材料在中国大陆以外形成的，申请人应当依据民事诉讼法及相关司法解释的规定履行证明手续。”

**六**、将第七条第二款改为第七条，修改为：“申请书应当载明下列事项：

“（一）申请人和被申请人的基本情况：申请人或者被申请人为自然人的，包括姓名、住所、身份证件信息、通讯方式等；申请人或者被申请人为法人或者非法人组织的，包括名称、住所及其法定代表人或者主要负责人的姓名、职务、住所、身份证件信息、通讯方式等；

“（二）作出判决的台湾地区法院名称、裁判文书案号、诉讼程序开始日期和判决日期；

“（三）请求事项和理由；

“（四）申请认可的判决的执行情况；

“（五）其他需要说明的情况。”

**七**、将第八条修改为：“对于符合本规定第四条至第七条规定条件的申请，人民法院应当在收到申请后七日内立案，并通知申请人和被申请人。对于不符合上述规定的申请，人民法院应当在七日内裁定不予受理，同时说明不予受理的理由。已经受理的，裁定驳回申请。申请人对裁定不服的，可以提起上诉。

“申请人提交的材料不符合要求的，人民法院应当一次性书面告知在指定期限内补正。在指定期限内补正的，人民法院决定是否立案的期间，自收到补正材料之日起计算。在指定期限内没有补正的，退回申请并记录在册；坚持提出申请的，裁定不予受理。经补正仍不符合要求的，裁定不予受理。

“人民法院裁定不予受理或者驳回申请后，申请人再次申请并符合受理条件的，人民法院应予受理。”

**八**、增加一条，作为第九条：“人民法院应当在立案之日起五日内将申请书副本送达被申请人。被申请人应当在收到申请书副本之日起十五日内提交意见；被申请人在中国大陆没有住所的，应当在收到申请书副本之日起三十日内提交意见。被申请人在上述期限内不提交意见的，不影响人民法院审查。被申请人申请延期的，是否准许，由人民法院决定。”

**九**、将第五条改为第十条。

**十**、将第九条改为第十一条，第一款修改为：“申请人申请认可台湾地区法院民事判决，应当提供相关证明文件，以证明该判决真实并且已经生效。台湾地区法院民事判决为缺席判决的，申请人应当同时提交台湾地区法院已经合法传唤当事人的证明文件，但判决已经对此予以明确说明的除外。”

**十一**、增加一条，作为第十二条：“申请人提供的台湾地区法院民事判决以及相关证明文件等证据，系通过海峡两岸公证书使用查证渠道转递的，人民法院应当确认其真实性，但有相反证据足以推翻的除外。”

**十二**、将第十条改为第十三条，修改为：“人民法院受理认可台湾地区法院民事判决的申请之前或者之后，可以依据民事诉讼法及相关司法解释的规定，根据申请人的申请，裁定采取保全措施。”

**十三**、将第十三条改为第十四条。

**十四**、将第十四条改为第十五条。

**十五**、将第十五条改为第十六条，修改为：“台湾地区法院民事判决具有下列情形之一的，裁定不予认可：

“（一）申请认可的民事判决，是在被申请人缺席且未经合法传唤，或者在被申请人无诉讼行为能力且未得到适当代理的情况下作出的；

“（二）案件系人民法院专属管辖的；

“（三）案件双方当事人订有有效仲裁协议，且无放弃仲裁管辖情形的；

“（四）判决是通过欺诈方式取得的；

“（五）人民法院已经就同一纠纷作出裁判，或者已经承认或认可其他国家或地区就同一纠纷作出的裁判的；

“（六）仲裁庭在中国大陆已经就同一纠纷作出仲裁裁决，或者人民法院已经承认或认可仲裁庭在其他国家或地区就同一纠纷作出的仲裁裁决的。

“认可该民事判决将违反一个中国原则等国家法律的基本原则或者损害国家主权、安全、社会公共利益的，人民法院应当裁定不予认可。”

**十六**、将第十六条改为第十七条，第一款修改为：“人民法院经审查能够确认台湾地区法院民事判决真实并且已经生效，而且不具有本规定第十六条所列情形的，裁定认可其效力。不能认可判决全部判项的，可以认可其中的部分判项。不能确认该民事判决的真实性或者已经生效的，裁定驳回申请人的申请。”

**十七**、将第十七条改为第十八条。

**十八**、将第十八条改为第十九条，修改为：“人民法院依据本规定第十六条、第十七条作出的裁定，一经送达即发生法律效力。

“申请人或者被申请人对裁定不服的，可以自裁定送达之日起十日内向上一级人民法院申请复议。”

**十九**、增加一条，作为第二十条：“申请人向人民法院申请认可台湾地区法院民事判决，该判决涉及的纠纷与人民法院正在审理的纠纷属于同一纠纷的，人民法院可以裁定中止诉讼。

“经审查，裁定不予认可台湾地区法院民事判决的，恢复已经中止的诉讼；裁定认可的，对已经中止的诉讼，裁定驳回起诉。”

**二十**、增加一条，作为第二十一条：“审查认可台湾地区法院民事判决申请期间，申请人或者被申请人就同一纠纷向人民法院起诉的，裁定不予受理；已经受理的，裁定中止诉讼。”

**二十一**、将第十九条改为第二十二条，修改为：“台湾地区法院民事判决已经被人民法院裁定全部或者部分认可，申请人或者被申请人对已经获得认可的部分又向人民法院起诉的，裁定不予受理；已经受理的，裁定驳回起诉。

“台湾地区法院民事判决已经被人民法院裁定不予认可或者部分不予认可的，申请人对不予认可部分再次申请认可的，裁定不予受理；已经受理的，裁定驳回申请。但申请人可以对不予认可部分向人民法院起诉。”

**二十二、**增加一条，作为第二十三条：“台湾地区法院民事判决被人民法院裁定全部或者部分认可后，申请人对认可部分申请执行的，依据民事诉讼法关于执行程序的规定予以执行。”

**二十三、**将第二十条改为第二十四条。

**二十四、**将第二十一条改为第二十五条，修改为：“人民法院在办理申请认可和执行台湾地区法院民事判决案件中作出的法律文书，应当依法送达申请人和被申请人。”

**二十五、**将第二十二条改为第二十六条。

**二十六、**将第二十三条改为第二十七条。

**二十七、**删除第十一条、第十二条。

**二十八、**条文中引用民事诉讼法相关条文序号根据修改后的民事诉讼法作相应调整。

本决定自 2025 年 1 月 1 日起施行。

根据本决定，《最高人民法院关于认可和执行台湾地区法院民事判决的规定》作相应修改后，重新公布。

## 最高人民法院
# 关于认可和执行台湾地区法院民事判决的规定

（2015 年 6 月 2 日最高人民法院审判委员会第 1653 次会议通过
根据 2024 年 10 月 29 日最高人民法院审判委员会第 1928 次会议
通过的《最高人民法院关于修改〈最高人民法院关于认可和
执行台湾地区法院民事判决的规定〉的决定》修正）

为正确审理认可和执行台湾地区法院民事判决案件，依法保障海峡两岸民事主体的合法权益，根据民事诉讼法等相关法律规定，结合审判实践，制定本规定。

**第一条** 台湾地区法院民事判决的当事人以及当事人的继承人、权利承受人可以根据本规定，作为申请人向人民法院申请认可和执行该判决，该判决中的对方当事人为被申请人。双方当事人都提出认可和执行申请的，均列为申请人。

**第二条** 本规定所称台湾地区法院民事判决，包括台湾地区法院作出的生效民事判决、裁定、和解笔录、调解笔录、支付命令等。

申请认可台湾地区法院在刑事案件中作出的有关民事损害赔偿的生效判决、裁定、和解笔录的，适用本规定。

申请认可由台湾地区乡镇市调解委员会等出具并经台湾地区法院核定，与台湾地区法院生效民事判决具有同等效力的调解文书的，参照适用本规定。

**第三条** 申请人同时提出认可和执行台湾地区法院民事判决申请

的，人民法院先按照认可程序进行审查，裁定认可后，由人民法院执行机构执行。

申请人仅提出认可台湾地区法院民事判决申请，人民法院对应否认可进行审查并作出裁定；台湾地区法院民事判决具有给付内容的，人民法院在受理认可申请及作出认可裁定时，应当向申请人释明其可以向人民法院申请执行。

申请人直接申请执行的，人民法院应当告知其一并提交认可申请；坚持不申请认可的，裁定驳回其申请。

**第四条** 申请认可台湾地区法院民事判决的案件，由申请人住所地、经常居住地或者被申请人住所地、经常居住地、财产所在地中级人民法院或者专门人民法院受理。

申请人向两个以上有管辖权的人民法院申请认可的，由最先立案的人民法院管辖。

申请人向被申请人财产所在地人民法院申请认可的，应当提供财产存在的相关证据。

**第五条** 申请人委托他人代理申请认可台湾地区法院民事判决的，应当向人民法院提交由委托人签名或者盖章的授权委托书。

台湾地区当事人签名或者盖章的授权委托书应当履行相关公证或者查明手续，但授权委托书经人民法院法官线上视频或者线下见证签署，或者经中国大陆公证机关公证证明是在中国大陆签署的除外。

持有台湾居民居住证的台湾地区当事人委托中国大陆执业律师或者其他人代理的，代理人向人民法院转交的授权委托书无需公证或者履行相关查明手续。

**第六条** 申请认可台湾地区法院民事判决，应当提交下列材料：

（一）申请书，并按照被申请人人数提交副本；

（二）判决正本或者经证明无误的副本；

（三）判决确定证明书正本或者经证明无误的副本，依据台湾地区有关规定不需另行出具证明书的调解笔录等除外；

（四）身份证明材料（申请人为自然人的，应当提交居民身份证、台湾居民居住证、台湾居民来往大陆通行证等身份证件复印件；申请人为法人或者非法人组织的，应当提交注册登记证书的复印件以及法定代表人或者主要负责人的身份证件复印件；申请人为当事人的继承人、权利承受人的，应当提交证明其继承人、权利承受人身份的证明材料）。

身份证明材料在中国大陆以外形成的，申请人应当依据民事诉讼法及相关司法解释的规定履行证明手续。

**第七条** 申请书应当载明下列事项：

（一）申请人和被申请人的基本情况：申请人或者被申请人为自然人的，包括姓名、住所、身份证件信息、通讯方式等；申请人或者被申请人为法人或者非法人组织的，包括名称、住所及其法定代表人或者主要负责人的姓名、职务、住所、身份证件信息、通讯方式等；

（二）作出判决的台湾地区法院名称、裁判文书案号、诉讼程序开始日期和判决日期；

（三）请求事项和理由；

（四）申请认可的判决的执行情况；

（五）其他需要说明的情况。

**第八条** 对于符合本规定第四条至第七条规定条件的申请，人民法院应当在收到申请后七日内立案，并通知申请人和被申请人。对于不符合上述规定的申请，人民法院应当在七日内裁定不予受理，同时说明不予受理的理由。已经受理的，裁定驳回申请。申请人对裁定不服的，可以提起上诉。

申请人提交的材料不符合要求的，人民法院应当一次性书面告知在指定期限内补正。在指定期限内补正的，人民法院决定是否立案的期间，自收到补正材料之日起计算。在指定期限内没有补正的，退回申请并记录在册；坚持提出申请的，裁定不予受理。经补正仍不符合要求的，裁定不予受理。

人民法院裁定不予受理或者驳回申请后，申请人再次申请并符合受理条件的，人民法院应予受理。

**第九条** 人民法院应当在立案之日起五日内将申请书副本送达被申请人。被申请人应当在收到申请书副本之日起十五日内提交意见；被申请人在中国大陆没有住所的，应当在收到申请书副本之日起三十日内提交意见。被申请人在上述期限内不提交意见的，不影响人民法院审查。被申请人申请延期的，是否准许，由人民法院决定。

**第十条** 对申请认可台湾地区法院民事判决的案件，人民法院应当组成合议庭进行审查。

**第十一条** 申请人申请认可台湾地区法院民事判决，应当提供相关证明文件，以证明该判决真实并且已经生效。台湾地区法院民事判决为缺席判决的，申请人应当同时提交台湾地区法院已经合法传唤当事人的证明文件，但判决已经对此予以明确说明的除外。

申请人可以申请人民法院通过海峡两岸调查取证司法互助途径查明台湾地区法院民事判决的真实性和是否生效以及当事人得到合法传唤的证明文件；人民法院认为必要时，也可以就有关事项依职权通过海峡两岸司法互助途径向台湾地区请求调查取证。

**第十二条** 申请人提供的台湾地区法院民事判决以及相关证明文件等证据，系通过海峡两岸公证书使用查证渠道转递的，人民法院应当确认其真实性，但有相反证据足以推翻的除外。

**第十三条** 人民法院受理认可台湾地区法院民事判决的申请之前或者之后，可以依据民事诉讼法及相关司法解释的规定，根据申请人的申请，裁定采取保全措施。

**第十四条** 人民法院受理认可台湾地区法院民事判决的申请后，作出裁定前，申请人请求撤回申请的，可以裁定准许。

**第十五条** 人民法院受理认可台湾地区法院民事判决的申请后，应当在立案之日起六个月内审结。有特殊情况需要延长的，报请上一级人民法院批准。

通过海峡两岸司法互助途径送达文书和调查取证的期间，不计入审查期限。

**第十六条** 台湾地区法院民事判决具有下列情形之一的，裁定不予认可：

（一）申请认可的民事判决，是在被申请人缺席且未经合法传唤，或者在被申请人无诉讼行为能力且未得到适当代理的情况下作出的；

（二）案件系人民法院专属管辖的；

（三）案件双方当事人订有有效仲裁协议，且无放弃仲裁管辖情形的；

（四）判决是通过欺诈方式取得的；

（五）人民法院已经就同一纠纷作出裁判，或者已经承认或认可其他国家或地区就同一纠纷作出的裁判的；

（六）仲裁庭在中国大陆已经就同一纠纷作出仲裁裁决，或者人民法院已经承认或认可仲裁庭在其他国家或地区就同一纠纷作出的仲裁裁决的。

认可该民事判决将违反一个中国原则等国家法律的基本原则或者损害国家主权、安全、社会公共利益的，人民法院应当裁定不予认可。

**第十七条** 人民法院经审查能够确认台湾地区法院民事判决真实并且已经生效，而且不具有本规定第十六条所列情形的，裁定认可其效力。不能认可判决全部判项的，可以认可其中的部分判项。不能确认该民事判决的真实性或者已经生效的，裁定驳回申请人的申请。

裁定驳回申请的案件，申请人再次申请并符合受理条件的，人民法院应予受理。

**第十八条** 经人民法院裁定认可的台湾地区法院民事判决，与人民法院作出的生效判决具有同等效力。

**第十九条**　人民法院依据本规定第十六条、第十七条作出的裁定，一经送达即发生法律效力。

申请人或者被申请人对裁定不服的，可以自裁定送达之日起十日内向上一级人民法院申请复议。

**第二十条**　申请人向人民法院申请认可台湾地区法院民事判决，该判决涉及的纠纷与人民法院正在审理的纠纷属于同一纠纷的，人民法院可以裁定中止诉讼。

经审查，裁定不予认可台湾地区法院民事判决的，恢复已经中止的诉讼；裁定认可的，对已经中止的诉讼，裁定驳回起诉。

**第二十一条**　审查认可台湾地区法院民事判决申请期间，申请人或者被申请人就同一纠纷向人民法院起诉的，裁定不予受理；已经受理的，裁定中止诉讼。

**第二十二条**　台湾地区法院民事判决已经被人民法院裁定全部或者部分认可，申请人或者被申请人对已经获得认可的部分又向人民法院起诉的，裁定不予受理；已经受理的，裁定驳回起诉。

台湾地区法院民事判决已经被人民法院裁定不予认可或者部分不予认可的，申请人对不予认可部分再次申请认可的，裁定不予受理；已经受理的，裁定驳回申请。但申请人可以对不予认可部分向人民法院起诉。

**第二十三条**　台湾地区法院民事判决被人民法院裁定全部或者部分认可后，申请人对认可部分申请执行的，依据民事诉讼法关于执行程序的规定予以执行。

**第二十四条**　申请人申请认可和执行台湾地区法院民事判决的期间，适用民事诉讼法第二百五十条的规定，但申请认可台湾地区法院有关身份关系的判决除外。

申请人仅申请认可而未同时申请执行的，申请执行的期间自人民法院对认可申请作出的裁定生效之日起重新计算。

**第二十五条** 人民法院在办理申请认可和执行台湾地区法院民事判决案件中作出的法律文书，应当依法送达申请人和被申请人。

**第二十六条** 申请认可和执行台湾地区法院民事判决，应当参照《诉讼费用交纳办法》的规定，交纳相关费用。

**第二十七条** 本规定自2015年7月1日起施行。《最高人民法院关于人民法院认可台湾地区有关法院民事判决的规定》（法释〔1998〕11号）、《最高人民法院关于当事人持台湾地区有关法院民事调解书或者有关机构出具或确认的调解协议书向人民法院申请认可人民法院应否受理的批复》（法释〔1999〕10号）、《最高人民法院关于当事人持台湾地区有关法院支付命令向人民法院申请认可人民法院应否受理的批复》（法释〔2001〕13号）和《最高人民法院关于人民法院认可台湾地区有关法院民事判决的补充规定》（法释〔2009〕4号）同时废止。

## 部门规章、规章性文件与解读

# 人脸识别技术应用安全管理办法

（2024年9月30日国家互联网信息办公室2024年第23次室务会会议审议通过　2025年3月13日国家互联网信息办公室、中华人民共和国公安部令第19号公布　自2025年6月1日起施行）

**第一条**　为了规范应用人脸识别技术处理人脸信息活动，保护个人信息权益，根据《中华人民共和国网络安全法》、《中华人民共和国数据安全法》、《中华人民共和国个人信息保护法》、《网络数据安全管理条例》等法律、行政法规，制定本办法。

**第二条**　在中华人民共和国境内应用人脸识别技术处理人脸信息的活动，适用本办法。

在中华人民共和国境内为从事人脸识别技术研发、算法训练活动应用人脸识别技术处理人脸信息的，不适用本办法的规定。

**第三条**　应用人脸识别技术处理人脸信息活动，应当遵守法律法规，尊重社会公德和伦理，遵守商业道德和职业道德，诚实守信，履行个人信息保护义务，承担社会责任，不得危害国家安全、损害公共利益、侵害个人合法权益。

**第四条**　应用人脸识别技术处理人脸信息，应当具有特定的目的和充分的必要性，采取对个人权益影响最小的方式，并实施严格保护措施。

**第五条** 个人信息处理者应用人脸识别技术处理人脸信息前，应当以显著方式、清晰易懂的语言真实、准确、完整地向个人告知下列事项：

（一）个人信息处理者的名称或者姓名和联系方式；

（二）人脸信息的处理目的、处理方式，处理的人脸信息保存期限；

（三）处理人脸信息的必要性以及对个人权益的影响；

（四）个人依法行使权利的方式和程序；

（五）法律、行政法规规定应当告知的其他事项。

前款规定事项发生变更的，应当将变更部分告知个人。

法律、行政法规规定可以不向个人告知的，从其规定。

处理残疾人、老年人人脸信息的，还应当符合国家有关无障碍环境建设的规定。

**第六条** 基于个人同意处理人脸信息的，应当取得个人在充分知情的前提下自愿、明确作出的单独同意。法律、行政法规规定处理人脸信息应当取得个人书面同意的，从其规定。

基于个人同意处理人脸信息的，个人有权撤回同意，个人信息处理者应当提供便捷的撤回同意的方式。个人撤回同意，不影响撤回前基于个人同意已进行的个人信息处理活动的效力。

**第七条** 基于个人同意处理不满十四周岁未成年人人脸信息的，应当取得未成年人的父母或者其他监护人的同意。

个人信息处理者应用人脸识别技术处理不满十四周岁未成年人人脸信息的，应当在存储、使用、转移、披露等方面制定专门的处理规则，依法保护未成年人个人信息安全。

**第八条** 除法律、行政法规另有规定或者取得个人单独同意外，人脸信息应当存储于人脸识别设备内，不得通过互联网对外传输。

除法律、行政法规另有规定外，人脸信息的保存期限不得超过实现处理目的所必需的最短时间。

**第九条** 个人信息处理者应用人脸识别技术处理人脸信息，应当事前进行个人信息保护影响评估，并对处理情况进行记录。个人信息保护影响评估主要包括下列内容：

（一）人脸信息的处理目的、处理方式是否合法、正当、必要；

（二）对个人权益带来的影响，以及降低不利影响的措施是否有效；

（三）发生人脸信息泄露、篡改、丢失、毁损或者被非法获取、出售、使用的风险以及可能造成的危害；

（四）所采取的保护措施是否合法、有效并与风险程度相适应。

个人信息保护影响评估报告和处理情况记录应当至少保存 3 年。处理人脸信息的目的、方式发生变化，或者发生重大安全事件的，应当重新进行个人信息保护影响评估。

**第十条** 实现相同目的或者达到同等业务要求，存在其他非人脸识别技术方式的，不得将人脸识别技术作为唯一验证方式。个人不同意通过人脸信息进行身份验证的，应当提供其他合理、便捷的方式。

国家对应用人脸识别技术验证个人身份另有规定的，从其规定。

**第十一条** 应用人脸识别技术验证个人身份、辨识特定个人的，鼓励优先使用国家人口基础信息库、国家网络身份认证公共服务等渠道实施，减少人脸信息收集、存储，保护人脸信息安全。

**第十二条** 任何组织和个人不得以办理业务、提升服务质量等为由，误导、欺诈、胁迫个人接受人脸识别技术验证个人身份。

**第十三条** 在公共场所安装人脸识别设备，应当为维护公共安全所必需，依法合理确定人脸信息采集区域，并设置显著提示标识。

任何组织和个人不得在宾馆客房、公共浴室、公共更衣室、公共卫生间等公共场所中的私密空间内部安装人脸识别设备。

**第十四条** 人脸识别技术应用系统应当采取数据加密、安全审计、访问控制、授权管理、入侵检测和防御等措施保护人脸信息安全。涉及网络安全等级保护、关键信息基础设施的，应当按照国家有关规定履行网络安全等级保护、关键信息基础设施保护义务。

**第十五条** 个人信息处理者应当在应用人脸识别技术处理的人脸信息存储数量达到10万人之日起30个工作日内向所在地省级以上网信部门履行备案手续。申请备案应当提交下列材料：

（一）个人信息处理者的基本情况；

（二）人脸信息处理目的和处理方式；

（三）人脸信息存储数量和安全保护措施；

（四）人脸信息的处理规则和操作规程；

（五）个人信息保护影响评估报告。

备案信息发生实质性变更的，应当在变更之日起30个工作日内办理备案变更手续。终止应用人脸识别技术的，应当在终止之日起30个工作日内办理注销备案手续，并依法处理人脸信息。

**第十六条** 网信部门会同公安机关和其他履行个人信息保护职责的部门，建立健全信息共享和通报工作机制，协同开展相关工作。

网信部门、公安机关和其他履行个人信息保护职责的部门依法对应用人脸识别技术处理个人信息活动实施监督检查，个人信息处理者应当依法予以配合。

**第十七条** 任何组织、个人有权对违法应用人脸识别技术处理人脸信息的活动向履行个人信息保护职责的部门进行投诉、举报。收到投诉、举报的部门应当依法及时处理，并将处理结果告知投诉人、举报人。

**第十八条** 违反本办法规定的，依照有关法律、行政法规的规定处理；构成犯罪的，依法追究刑事责任。

**第十九条** 本办法下列术语的含义：

（一）个人信息处理者，是指在个人信息处理活动中自主决定处理目的、处理方式的组织、个人。

（二）人脸信息，是指以电子或者其他方式记录的与已识别或者可识别的自然人有关的面部特征生物识别信息，不包括匿名化处理后的信息。

（三）人脸识别技术，是指以人脸信息作为识别个体身份的个体生物特征识别技术。

（四）人脸识别设备，是指应用人脸识别技术识别个体身份的终端设备。

（五）验证个人身份，是指通过收集获得的人脸信息与信息系统存储的特定人脸信息进行“一对一”比对，确认和核对两者是否为同一人。

（六）辨识特定个人，是指通过收集获得的人脸信息与信息系统存储的特定范围内人脸信息进行“一对多”比对，发现和识别具有特定身份的个人。

**第二十条** 本办法自2025年6月1日起施行。

# 解读《人脸识别技术应用安全管理办法》*

国家互联网信息办公室有关负责人

2025年3月13日，国家互联网信息办公室、公安部联合公布了《人脸识别技术应用安全管理办法》（以下简称《办法》）。有关部门负责人就相关问题进行了解读。

* 编者根据《国家互联网信息办公室有关负责人就〈人脸识别技术应用安全管理办法〉答记者问》（载国家互联网信息办公室网站）整理。

## 一、《办法》的出台背景

随着云计算、大数据、物联网、人工智能等互联网技术飞速发展，人脸识别技术应用在消费、金融、出行等社会各领域快速普及，在促进数字经济发展、方便人民生活的同时，也引发了公众对侵犯隐私、泄露个人信息的担忧，受到社会各方高度关注。网络安全法、数据安全法、个人信息保护法、《网络数据安全管理条例》等法律、行政法规对个人信息处理规则作出了规定。同时，个人信息保护法第六十二条规定，国家网信部门统筹协调有关部门针对人脸识别等新技术、新应用制定专门的个人信息保护规则。制定出台《办法》是落实法律、行政法规规定的重要举措，目的是规范应用人脸识别技术处理人脸信息活动，保护个人信息权益。

## 二、《办法》妥善处理了发展与安全的关系

《办法》坚持发展与安全并重，妥善处理促进创新和依法治理之间的关系，在保护个人信息权益的同时鼓励人脸识别技术的应用和创新。一方面，《办法》规定应用人脸识别技术处理人脸信息的基本要求和具体规则，建立人脸识别技术应用监督管理制度，规范人脸识别技术应用，切实保护广大人民群众的个人信息权益；另一方面，《办法》明确在中华人民共和国境内为从事人脸识别技术研发、算法训练活动应用人脸识别技术处理人脸信息的，不适用《办法》的规定，为开展人脸识别技术的攻关研究和应用创新预留空间，有利于推动相关产业安全健康发展。

## 三、《办法》的主要内容

《办法》主要对下列内容进行了规定：一是明确应用人脸识别技术处理人脸信息的基本要求，规定应用人脸识别技术处理人脸信息活动，

应当遵守法律法规，尊重社会公德和伦理，遵守商业道德和职业道德等。二是明确应用人脸识别技术处理人脸信息的处理规则，规定应用人脸识别技术处理人脸信息，应当具有特定的目的和充分的必要性，个人信息处理者应当履行告知、进行个人信息保护影响评估等义务。三是明确人脸识别技术应用安全规范，规定实现相同目的或者达到同等业务要求，存在其他非人脸识别技术方式的，不得将人脸识别技术作为唯一验证方式，明确在公共场所安装人脸识别设备的具体要求。四是明确监督管理职责和法律责任，规定个人信息处理者应当在应用人脸识别技术处理的人脸信息存储数量达到10万人之日起30个工作日内向所在地省级以上网信部门履行备案手续，明确违反《办法》规定的法律责任。

## 四、《办法》对应用人脸识别技术处理人脸信息活动提出的基本要求

《办法》规定，应用人脸识别技术处理人脸信息活动，应当遵守法律法规，尊重社会公德和伦理，遵守商业道德和职业道德，诚实守信，履行个人信息保护义务，承担社会责任，不得危害国家安全、损害公共利益、侵害个人合法权益。

## 五、《办法》对应用人脸识别技术处理人脸信息规定的处理规则

《办法》对应用人脸识别技术处理人脸信息规定了以下处理规则：一是应当具有特定的目的和充分的必要性，采取对个人权益影响最小的方式，并实施严格保护措施。二是应当履行告知义务，处理残疾人、老年人人脸信息的，还应当符合国家有关无障碍环境建设的规定。三是基于个人同意处理人脸信息的，应当取得个人在充分知情的前提下自愿、明确作出的单独同意。基于个人同意处理不满14周岁未成年人人脸信息的，应当取得未成年人的父母或者其他监护人的同意。四是除法律、

行政法规另有规定或者取得个人单独同意外，人脸信息应当存储于人脸识别设备内，不得通过互联网对外传输。除法律、行政法规另有规定外，人脸信息的保存期限不得超过实现处理目的所必需的最短时间。五是应当事前进行个人信息保护影响评估，并对处理情况进行记录。

## 六、《办法》对人脸识别技术应用规定的安全规范

《办法》对人脸识别技术应用规定了以下安全规范：一是实现相同目的或者达到同等业务要求，存在其他非人脸识别技术方式的，不得将人脸识别技术作为唯一验证方式。国家另有规定的，从其规定。二是应用人脸识别技术验证个人身份、辨识特定个人的，鼓励优先使用国家人口基础信息库、国家网络身份认证公共服务等渠道实施。三是任何组织和个人不得以办理业务、提升服务质量等为由，误导、欺诈、胁迫个人接受人脸识别技术验证个人身份。四是在公共场所安装人脸识别设备，应当为维护公共安全所必需，依法合理确定人脸信息采集区域，并设置显著提示标识。任何组织和个人不得在宾馆客房、公共浴室、公共更衣室、公共卫生间等公共场所中的私密空间内部安装人脸识别设备。五是人脸识别技术应用系统应当采取数据加密、安全审计、访问控制、授权管理、入侵检测和防御等措施保护人脸信息安全。

## 七、《办法》针对群众普遍关心的强制刷脸问题作出的规定

人脸信息是敏感个人信息，一旦泄露，容易对个人的人身安全和财产安全造成重大危害，甚至威胁公共安全。针对“刷脸”住宿、“刷脸”进小区等人脸识别技术应用场景泛化、强制使用等问题，《办法》明确了人脸识别技术应用的非强制原则，规定实现相同目的或者达到同等业务要求，存在其他非人脸识别技术方式的，不得将人脸识别技术作为唯一验证方式。个人不同意通过人脸信息进行身份验证的，应当提供其他合理、便捷的方式。国家对应用人脸识别技术验证个人身份另有规

定的，从其规定。

## 八、《办法》对个人信息处理者应用人脸识别技术处理人脸信息备案提出的要求

《办法》从信息数量、备案时间、备案部门、备案材料、备案变更和注销五个方面对个人信息处理者应用人脸识别技术处理人脸信息备案提出了具体要求。一是信息数量方面，以“应用人脸识别技术处理的人脸信息存储数量达到10万人”为备案起始数量。二是备案时间方面，规定应当在应用人脸识别技术处理的人脸信息存储数量达到10万人之日起30个工作日内进行备案。三是备案部门方面，明确向所在地省级以上网信部门履行备案手续。四是备案材料方面，明确应当提交个人信息处理者的基本情况、人脸信息处理目的和处理方式、人脸信息存储数量和安全保护措施、人脸信息的处理规则和操作规程、个人信息保护影响评估报告五项材料。五是备案变更和注销方面，明确备案信息发生实质性变更的，应当在变更之日起30个工作日内办理备案变更手续。终止应用人脸识别技术的，应当在终止之日起30个工作日内办理注销备案手续，并依法处理人脸信息。

民政部

# 关于印发《婚姻登记工作规范》的通知

2025 年 4 月 29 日　　民发〔2025〕23 号

**各省、自治区、直辖市民政厅（局），各计划单列市民政局，新疆生产建设兵团民政局：**

为切实保证《婚姻登记条例》的实施，进一步规范婚姻登记工作，我部修订了《婚姻登记工作规范》，现予印发，请认真贯彻执行。

## 婚姻登记工作规范

### 第一章　总　　则

**第一条**　为加强婚姻登记规范化管理，维护婚姻当事人的合法权益，根据《中华人民共和国民法典》和《婚姻登记条例》，制定本规范。

**第二条**　各级婚姻登记机关应当依照法律法规及本规范，认真履行职责，做好婚姻登记工作。

## 第二章　婚姻登记机关

**第三条**　婚姻登记机关是依法履行婚姻登记行政职能的机关。

**第四条**　婚姻登记机关履行下列职责：

（一）办理婚姻登记；

（二）补发婚姻登记证件（包括结婚证、离婚证）；

（三）提供婚姻家庭辅导服务；

（四）建立和管理婚姻登记档案；

（五）宣传婚姻法律法规，破除高额彩礼等陈规陋习，倡导文明婚俗；

（六）提供颁证仪式等服务；

（七）按规定做好综合性婚姻家庭服务指导工作。

**第五条**　婚姻登记机关职能划分。

（一）县、不设区的市、市辖区人民政府民政部门办理内地居民之间的婚姻登记。

省级人民政府可以按照便民原则确定乡（镇）人民政府办理内地居民之间的婚姻登记。

（二）省级人民政府民政部门或者其确定的机关，办理涉外和涉香港、澳门、台湾居民以及华侨的婚姻登记。

经济技术开发区、高新技术开发区等特别区域办理内地居民婚姻登记的机关由省级人民政府民政部门提出意见报同级人民政府确定。

婚姻登记机关不得违反上述规定办理婚姻登记。

**第六条**　具有办理婚姻登记职能的县级以上人民政府民政部门和乡（镇）人民政府应当按照本规范要求设置婚姻登记处。

省级人民政府民政部门设置、变更或撤销婚姻登记处，应当形成文件并对外公布；市、县（市、区）人民政府民政部门、乡（镇）人民政府设置、变更或撤销婚姻登记处，应当形成文件，对外公布并逐级上报省级人民政府民政部门。省级人民政府民政部门应当相应调整婚姻登记信息系统使用相关权限。

**第七条** 省、市、县（市、区）人民政府民政部门和乡（镇）人民政府设置的婚姻登记处分别称为：

××省（自治区、直辖市）民政厅（局）婚姻登记处，××市民政局婚姻登记处，××县（市）民政局婚姻登记处；

××市××区民政局婚姻登记处；

××县（市、区）××乡（镇）人民政府婚姻登记处。

县、不设区的市、市辖区人民政府民政部门设置多个婚姻登记处的，应当在婚姻登记处前冠其所在地的地名。

**第八条** 婚姻登记处应当在门外醒目处悬挂婚姻登记处标牌。标牌尺寸不得小于 1500mm×300mm 或 550mm×450mm。

**第九条** 婚姻登记处应当按照民政部要求，使用全国婚姻登记工作标识。

**第十条** 具有办理婚姻登记职能的县级以上人民政府民政部门和乡（镇）人民政府应当刻制婚姻登记工作业务专用印章和钢印。专用印章和钢印为圆形，直径 35mm。

婚姻登记工作业务专用印章和钢印，中央刊“★”，“★”外围刊婚姻登记处所属民政厅（局）或乡（镇）人民政府名称，如：“××省民政厅”、“××市民政局”、“××市××区民政局”、“××县民政局”或者“××县××乡（镇）人民政府”。

“★”下方刊“婚姻登记专用章”。民政局设置多个婚姻登记处的，“婚姻登记专用章”下方刊婚姻登记处序号。

**第十一条** 婚姻登记处应当有独立的场所办理婚姻登记，并设有候登大厅、结婚登记区、离婚登记室、婚姻家庭辅导室、颁证厅和档案室，设置婚俗文化展示区域。结婚登记区、离婚登记室可合并为相应数量的婚姻登记室。

婚姻登记场所应当宽敞、庄严、整洁，具备基本的服务设施，设有婚姻登记公告栏，宣传文明婚俗，弘扬新型婚育文化。

结婚登记窗口保持独立或相对独立互不干扰；离婚登记应当有独立的空间。

档案室应当配备档案柜，档案柜数量能够满足婚姻登记档案保存需要，并配备防潮、防火、防虫、防盗等设备。

婚姻登记处不得设在婚纱摄影、婚庆服务、医疗等机构场所内，上述服务机构不得设置在婚姻登记场所内。

**第十二条** 婚姻登记处应当配备以下设备：

（一）电话机；

（二）复印机；

（三）传真机；

（四）高拍仪或扫描仪；

（五）证件及纸张打印机；

（六）计算机；

（七）身份证件阅读器；

（八）身份信息识别比对设备。

**第十三条** 婚姻登记处应当安装具有音频和视频功能的设备，并妥善保管音频和视频资料。

**第十四条** 婚姻登记处应当公开展示下列内容：

（一）本婚姻登记处的职能范围及依据；

（二）《中华人民共和国民法典》婚姻家庭编；

（三）婚姻登记预约的流程；

（四）结婚登记（含补办）、离婚登记的条件与程序；

（五）补领婚姻登记证件的条件与程序；

（六）查询婚姻登记档案的条件与程序；

（七）婚姻家庭辅导、颁证服务事项；

（八）婚姻登记员职责及其照片、编号；

（九）婚姻登记处办公时间和服务电话，设置多个婚姻登记处的，应当同时公布，巡回登记的，应当公布巡回登记时间和地点；

（十）监督电话。

**第十五条** 婚姻登记处应当备有《中华人民共和国民法典》婚姻家庭编、《婚姻登记条例》及其他有关文件，供婚姻当事人免费查阅。

**第十六条** 婚姻登记处在工作日应当对外办公，办公时间在办公场所外公告。

**第十七条** 各级民政部门应当加强本行政区域内婚姻登记管理信息化建设，制定婚姻登记信息化管理制度，加强婚姻登记数据质量管理，保障婚姻登记数据联网审查端口应用。

婚姻登记处应当通过婚姻登记信息系统开展实时联网登记，并将婚姻登记电子数据实时传送给集中统一的全国婚姻基础信息库。

婚姻登记处应当及时将婚姻登记档案数据录入婚姻登记信息系统，保障婚姻登记信息准确、及时、完整、安全。

婚姻登记处应当将现存纸质婚姻登记档案进行数字化加工并形成数字化档案副本，自动生成电子档案。按照异地调档工作要求，及时配合调档发起方完成调档工作。

**第十八条** 婚姻登记处应当按照《婚姻登记档案管理办法》的规定管理婚姻登记档案。

**第十九条** 婚姻登记处应当制定婚姻登记印章、证书、纸质档案、电子档案等管理制度，完善业务学习、岗位责任、考评奖惩、应急预案、安全保密等制度。

**第二十条** 婚姻登记处应当提供婚姻登记预约服务和咨询电话，电话号码应当在当地 114 查询台登记。

具备条件的婚姻登记处应当通过互联网网页、微信公众号或服务小程序等进行公告，内容应当包括：办公时间、办公地点；办理权限；申请结婚登记的条件、办理结婚登记的程序；申请离婚登记的条件、办理离婚登记的程序；申请补领婚姻登记证件的程序和需要的证明材料等内容。

**第二十一条** 婚姻登记处应当设立婚姻家庭辅导室，在坚持群众自愿的前提下，开展婚姻家庭辅导服务。婚姻家庭辅导室可以按照辅导需求配备桌椅、茶几、沙发等家具和专业设备，营造私密、温馨、舒适的良好氛围。

婚姻登记处应当聘用专门人员从事婚姻家庭辅导工作，有条件的地方可以通过政府购买服务等方式聘用，也可以公开招募志愿者等社会力量参与婚姻家庭辅导工作。从事婚姻家庭辅导工作的人员可以从以下人员中聘用：

（一）婚姻家庭辅导师；

（二）社会工作师；

（三）律师；

（四）心理咨询师；

（五）其他相应专业资格的人员。

**第二十二条** 婚姻登记处设立颁证厅的，可以为有意愿的当事人免费提供颁证仪式服务或文明简约婚礼服务。有条件的婚姻登记机关可以设立室外颁证场所。

颁证厅应当设置颁证台，颁证台前展示婚姻登记处名称和颁证日期，设置亲友观礼席；可以配备音响、灯光设备，特色颁证厅可以根据颁证风格选择背景装饰。

## 第三章 婚姻登记员

**第二十三条** 专门从事婚姻登记的工作人员为婚姻登记员，婚姻登记机关应当配备专职婚姻登记员。

**第二十四条** 婚姻登记员由本级民政部门任命、管理。

婚姻登记员应当由设区的市级以上人民政府民政部门进行业务培训，经省级人民政府民政部门组织考核合格，取得婚姻登记员培训考核合格证明，方可从事婚姻登记工作。其他人员不得从事本规范第二十五条规定的工作。

婚姻登记员培训考核合格证明由省级人民政府民政部门统一印制。

婚姻登记员从事婚姻登记工作后，应当至少每 2 年参加一次设区的市级以上人民政府民政部门举办的业务培训考核。考核不合格的，不得办理婚姻登记业务。

婚姻登记处应当及时将婚姻登记员上岗或离岗信息逐级上报省级人民政府民政部门，省级人民政府民政部门应当根据上报的信息及时调整婚姻登记信息系统使用相关权限。权限未调整到位的，婚姻登记员不得开展婚姻登记业务。

**第二十五条** 婚姻登记员的主要职责：

（一）负责对当事人有关婚姻状况声明的监誓；

（二）审查当事人是否具备结婚、离婚、补发婚姻登记证件的条件；

（三）办理婚姻登记手续，签发婚姻登记证件；

（四）建立婚姻登记档案；

（五）在婚姻登记工作中发现疑似被拐卖、绑架的妇女的，应当依法及时向有关部门报告；

（六）在婚姻登记工作中发现当事人遭受家庭暴力或者面临家庭暴力的现实危险的，应当及时劝阻并告知受害人寻求救助的途径。

**第二十六条** 婚姻登记员应当熟练掌握相关法律法规，熟练使用婚姻登记信息系统，文明执法，热情服务。婚姻登记员一般应具有大学专科以上学历。

婚姻登记员上岗应当佩戴标识并统一着装。

## 第四章　结婚登记

**第二十七条**　结婚登记应当按照初审—受理—审查—登记（发证）的程序办理。

**第二十八条**　受理结婚登记申请的条件是：

（一）申请事项属于该婚姻登记处职能范围；

（二）要求结婚的男女双方亲自共同到婚姻登记处提出申请；

（三）当事人男不得早于22周岁，女不得早于20周岁，生日当天可以受理；

（四）当事人双方均无配偶（未婚、离婚、丧偶）；

（五）当事人双方没有直系血亲和三代以内旁系血亲关系；

（六）双方自愿结婚；

（七）当事人提交3张2寸双方近期半身免冠同版合影证件照；

（八）当事人持有本规范第二十九条至第三十五条规定的有效证件和书面材料。

**第二十九条**　内地居民办理结婚登记应当出具本人有效的居民身份证、本人无配偶以及与对方当事人没有直系血亲和三代以内旁系血亲关系的签字声明。因故不能出具身份证的可以出具有效的临时身份证。

当事人声明的婚姻状况与婚姻登记机关核查信息不一致的，当事人应当向登记机关提供能够证明其声明真实性的法院生效司法文书、配偶居民死亡医学证明（推断）书等材料。

**第三十条**　现役军人办理结婚登记应当提交本人有效的居民身份证、军人证件和部队出具的军人婚姻登记证明。

居民身份证、军人证件和军人婚姻登记证明上的姓名、性别、出生日期、公民身份号码应当一致；不一致的，当事人应当先到有关部门更正。

**第三十一条**　香港居民办理结婚登记应当提交：

（一）有效的港澳居民来往内地通行证或者港澳居民居住证；

（二）香港居民身份证；

（三）经香港委托公证人公证的本人无配偶以及与对方当事人没有直系血亲和三代以内旁系血亲关系的声明。

**第三十二条** 澳门居民办理结婚登记应当提交：

（一）有效的港澳居民来往内地通行证或者港澳居民居住证；

（二）澳门居民身份证；

（三）经澳门公证机构公证的本人无配偶以及与对方当事人没有直系血亲和三代以内旁系血亲关系的声明。

**第三十三条** 台湾居民办理结婚登记应当提交：

（一）有效的台湾居民来往大陆通行证或者其他有效旅行证件，或者台湾居民居住证；

（二）本人在台湾地区居住的有效身份证；

（三）经台湾公证机构公证的本人无配偶以及与对方当事人没有直系血亲和三代以内旁系血亲关系的声明。

**第三十四条** 华侨办理结婚登记应当提交：

（一）本人的有效护照；

（二）居住国公证机构或者有权机关出具的、经中华人民共和国驻该国使（领）馆认证的本人无配偶以及与对方当事人没有直系血亲和三代以内旁系血亲关系的证明或声明，或者中华人民共和国驻该国使（领）馆出具的本人无配偶以及与对方当事人没有直系血亲和三代以内旁系血亲关系的证明或经该使（领）馆公证的本人声明。

与中国无外交关系的国家出具的有关证明，应当经与该国及中国均有外交关系的第三国驻该国使（领）馆和中国驻第三国使（领）馆认证，或者经第三国驻华使（领）馆认证。

中华人民共和国缔结或者参加的国际条约另有规定的，按照条约规定的证明手续办理。

**第三十五条** 外国人办理结婚登记应当提交：

（一）本人的有效护照或者其他有效的国际旅行证件，或者外国人永久居留身份证等中国政府主管机关签发的身份证件；

（二）所在国公证机构或者有权机关出具的、经中华人民共和国驻该国使（领）馆认证或者该国驻华使（领）馆认证的本人无配偶的证明，或者所在国驻华使（领）馆出具的本人无配偶的证明。

与中国无外交关系的国家出具的有关证明，应当经与该国及中国均有外交关系的第三国驻该国使（领）馆和中国驻第三国使（领）馆认证，或者经第三国驻华使（领）馆认证。

中华人民共和国缔结或者参加的国际条约另有规定的，按照条约规定的证明手续办理。

**第三十六条** 婚姻登记员办理结婚登记申请，应当按照下列程序进行：

（一）向当事人双方询问身份信息、结婚意愿、婚姻状况；

（二）查看本规范第二十九条至第三十五条规定的相应证件和书面材料是否齐全；

（三）通过身份信息识别比对设备进行人证校验、指纹比对，并对当事人的婚姻状况进行联网核对；

（四）审查当事人提交的证件和书面材料；

（五）当事人现场填写《婚姻登记个人信用信息风险告知书》（见附件1）；

（六）自愿结婚的当事人双方现场各填写一份《申请结婚登记声明书》（见附件2）并阅知声明书内容；

“声明人”一栏的签名必须由声明人在监誓人面前完成并按指纹；

（七）婚姻登记员作监誓人并在监誓人一栏签名。

**第三十七条** 对符合结婚条件的，由婚姻登记员填写《结婚登记审查处理表》（见附件3）和结婚证。

**第三十八条**　《结婚登记审查处理表》的填写：

（一）《结婚登记审查处理表》项目的填写，按照下列规定通过计算机完成：

1. “申请人姓名”：当事人是中国公民的，使用中文填写；当事人是外国人的，按照当事人护照上的姓名填写。

2. “出生日期”：使用阿拉伯数字，按照身份证件上的出生日期填写为“××××年××月××日”。

3. “身份证件号”：当事人是内地居民的，填写公民身份号码；当事人是香港、澳门、台湾居民的，填写香港、澳门、台湾居民身份证号，并在号码后加注“（香港）”、“（澳门）”或者“（台湾）”；当事人是华侨的，填写护照号；当事人是外国人的，填写当事人的护照或者国际旅行证件号，或者外国人永久居留身份证等中国政府主管机关签发的身份证件号码。

证件号码前面有字符的，应当一并填写。

4. “国籍”：当事人是内地居民、香港居民、澳门居民、台湾居民、华侨的，填写“中国”；当事人是外国人的，按照护照上的国籍填写；无国籍人，填写“无国籍”。

5. “提供证件、证明材料情况”：应当将当事人提供的证件、证明材料逐一填写，不得省略。

6. “审查意见”：填写“符合结婚条件，准予登记”。

7. “结婚登记日期”：使用阿拉伯数字，填写为：“××××年××月××日”。填写的日期应当与结婚证上的登记日期一致。

8. “结婚证字号”填写式样按照民政部相关规定执行，填写规则见附则。

9. “结婚证印制号”填写颁发给当事人的结婚证上印制的号码。

10. “承办机关名称”：填写承办该结婚登记的婚姻登记处的名称。

（二）“登记员签名”：由办理该结婚登记的婚姻登记员亲笔签名，

不得使用个人印章或者计算机打印。

（三）在“照片”处粘贴当事人提交的照片，并在骑缝处加盖钢印。

**第三十九条** 结婚证的填写：

（一）结婚证上“结婚证字号”、“姓名”、“性别”、“出生日期”、“身份证件号”、“国籍”、“登记日期”应当与《结婚登记审查处理表》中相应项目完全一致。

（二）“婚姻登记员”：由办理该结婚登记的婚姻登记员使用黑色墨水钢笔或签字笔亲笔签名，签名应清晰可辨，不得使用个人印章或者计算机打印。

（三）在“照片”栏粘贴当事人双方合影照片。

（四）在照片与结婚证骑缝处加盖婚姻登记工作业务专用钢印。

（五）“登记机关”：盖婚姻登记工作业务专用印章（红印）。

（六）“备注”：持永居证外国人要求加注永居证号码的，“备注”栏填写“持证人同时持有××号外国人永久居留身份证”。

**第四十条** 婚姻登记员在完成结婚证填写后，应当进行认真核对、检查。对填写错误、证件被污染或者损坏的，应当将证件报废处理后，再重新填写。

**第四十一条** 发给结婚证，应当在当事人双方均在场时按照下列步骤进行：

（一）向当事人双方询问声明内容是否属实；

（二）告知当事人双方领取结婚证后的法律关系以及夫妻权利、义务；

（三）见证当事人本人亲自在《结婚登记审查处理表》上的“当事人领证签名并按指纹”一栏中签名并按指纹。

“当事人领证签名并按指纹”一栏不得空白，不得由他人代为填写、代按指纹；

（四）将结婚证分别发给结婚登记当事人双方，向双方当事人宣布：取得结婚证，完成结婚登记；

（五）祝贺新人。

婚姻登记员应当询问当事人是否需要接受婚前教育、婚姻家庭关系辅导。根据情况填写《婚姻家庭辅导服务记录表》（见附件4）。

婚姻登记员应当询问当事人是否需要提供颁证仪式服务。当事人需要提供颁证仪式服务的，鼓励邀请双方父母等参加颁证仪式。

**第四十二条** 申请补办结婚登记的，当事人填写《申请补办结婚登记声明书》（见附件5），婚姻登记机关按照结婚登记程序办理。

**第四十三条** 男女双方自愿恢复婚姻关系的，应当到婚姻登记机关重新进行结婚登记。

**第四十四条** 婚姻登记员每办完一对结婚登记，应当依照《婚姻登记档案管理办法》，对应当存档的材料进行整理、扫描、保存，不得出现原始材料丢失、损毁情况。

**第四十五条** 婚姻登记机关对不符合结婚登记条件的，不予办理结婚登记。当事人要求出具《不予办理结婚登记告知书》（见附件6）的，应当出具。

## 第五章　离婚登记

**第四十六条** 离婚登记按照申请—受理—三十日—审查—登记（发证）的程序办理。

**第四十七条** 受理离婚登记的条件是：

（一）申请事项属于该婚姻登记处职能范围；

（二）要求离婚的夫妻双方共同到婚姻登记处提出申请；

（三）双方均具有完全民事行为能力；

（四）当事人持有离婚协议书，协议书中载明双方自愿离婚的意思表示以及对子女抚养、财产及债务处理等事项协商一致的意见；

（五）当事人持有内地婚姻登记机关或者中国驻外使（领）馆颁发的结婚证；

（六）当事人各提交2张2寸单人近期半身免冠同版证件照；

（七）当事人持有本规范第二十九条至第三十五条规定的有效证件。

**第四十八条** 婚姻登记员受理离婚登记申请，应当按照下列程序进行：

（一）分开询问当事人双方的身份信息、离婚意愿、是否就子女抚养、财产及债务处理等事项达成一致意见并形成书面离婚协议；

（二）查看本规范第二十九条至第三十五条规定的有效身份证件；

（三）查看内地婚姻登记机关或者中国驻外使（领）馆颁发的结婚证。

一方当事人结婚证丢失的，应当书面声明遗失，婚姻登记机关可以根据另一本结婚证受理离婚登记申请；双方当事人结婚证都丢失的，应当书面声明结婚证遗失并提供加盖查档专用章的结婚登记档案或信息共享获取的婚姻登记电子档案，婚姻登记机关可根据当事人提供的上述材料受理离婚登记申请。

当事人提交的结婚证或结婚登记档案上的信息与当事人现身份信息不一致的，当事人应当提供能够证明身份信息一致的证明材料。

（四）通过身份信息识别比对设备进行人证校验、指纹比对；

（五）审查当事人提交的证件和书面材料；

（六）当事人双方在婚姻登记机关现场填写的《离婚登记申请书》（见附件7）；

《离婚登记申请书》中"声明人"一栏的签名必须由声明人在监誓人面前完成并按指纹；

（七）婚姻登记员作监誓人并在监誓人一栏签名。

**第四十九条** 符合离婚登记申请条件的，发给《离婚登记申请受理回执单》（见附件 8）。

不符合离婚登记申请条件的，不予受理。当事人要求出具《不予受理离婚登记申请告知书》（见附件 9）的，应当出具。

**第五十条** 自婚姻登记机关收到离婚登记申请并向当事人发放《离婚登记申请受理回执单》之日起三十日内（自婚姻登记机关收到离婚登记申请之日的次日开始计算期间，期间的最后一日是法定休假日的，以法定休假日结束的次日为期间的最后一日），任何一方不愿意离婚的，可以持本人有效身份证件和《离婚登记申请受理回执单》（遗失的可不提供，但需书面说明情况，见附件 10），向受理离婚登记申请的婚姻登记机关撤回离婚登记申请，并亲自填写《撤回离婚登记申请书》（见附件 11）。经婚姻登记机关核实无误后，发给《撤回离婚登记申请确认单》（见附件 12），并将《离婚登记申请书》、《撤回离婚登记申请书》与《撤回离婚登记申请确认单（存根联）》一并存档。

自前款规定的期限届满后三十日内（自届满日的次日开始计算期间，期间的最后一日是法定休假日的，以法定休假日结束的次日为期间的最后一日），双方未共同到婚姻登记机关申请发给离婚证的，视为撤回离婚登记申请。

一方当事人不愿意离婚，另一方当事人坚持离婚的，婚姻登记机关应当告知当事人依法可以由有关组织进行调解或者直接向人民法院提起离婚诉讼。

**第五十一条** 婚姻登记机关在办理离婚登记过程中，可以根据当事人意愿及时对离婚登记当事人开展心理辅导、调解等工作，并填写《婚姻家庭辅导服务记录表》。

**第五十二条** 自本规范第五十条第一款规定的期限届满后三十日内（自届满日的次日开始计算期间，期间的最后一日是法定休假日的，以法定休假日结束的次日为期间的最后一日），双方当事人应当持本规范第四十七条第（四）至（七）项规定的证件和材料，共同到受理离婚登记申请的婚姻登记机关办理离婚登记。离婚登记应当按照下列程序进行：

（一）分开询问当事人的离婚意愿，以及对离婚协议内容的意愿，并进行笔录，笔录当事人阅后签名；

（二）查验本规范第四十七条规定的证件和材料；

（三）通过身份信息识别比对设备进行人证校验、指纹比对；

（四）当事人现场填写《婚姻登记个人信用信息风险告知书》；

（五）双方自愿离婚且对子女抚养、财产及债务处理等事项协商一致的，填写《申请离婚登记声明书》（见附件13）；

《申请离婚登记声明书》中“声明人”一栏的签名必须由声明人在监誓人面前完成并按指纹；

婚姻登记员作监誓人并在监誓人一栏签名。

（六）当事人提交离婚协议书原件1份，登记员复印2份后，现场见证当事人双方在3份离婚协议书上签名并按指纹、填写日期。

离婚协议书一式三份，男女双方各一份并自行保存，婚姻登记机关存档一份。婚姻登记机关在当事人持有的两份离婚协议书上加盖“此件与存档件一致，涂改无效。××××婚姻登记处××××年××月××日”的长方形红色印章并填写日期。多页离婚协议书同时在骑缝处加盖此印章，骑缝处不填写日期。当事人亲自签订的离婚协议书原件存档。婚姻登记机关在存档的离婚协议书加盖“××××婚姻登记处存档件××××年××月××日”的长方形红色印章并填写日期，多页离婚协议书同时在骑缝处加盖此印章，骑缝处不填写日期。

当事人因离婚协议书遗失等原因，要求婚姻登记机关复印其离婚协议书的，按照《婚姻登记档案管理办法》的规定调取婚姻登记档案。婚姻登记机关在离婚协议书复印件空白处加盖“此件与存档件一致，涂改无效。××××婚姻登记处××××年××月××日”的长方形红色印章并填写查档日期。

**第五十三条** 婚姻登记员对当事人提交的证件、《申请离婚登记声明书》、离婚协议书进行核对，符合离婚条件的，填写《离婚登记审查处理表》（见附件14）和离婚证。

《离婚登记审查处理表》和离婚证分别参照本规范第三十八条、第三十九条规定填写。

**第五十四条** 婚姻登记员在完成离婚证填写后，应当进行认真核对、检查。对打印或者书写错误、证件被污染或者损坏的，应当将证件报废处理后，再重新填写。

**第五十五条** 发给离婚证，应当在当事人双方均在场时按照下列步骤进行：

（一）见证当事人本人亲自在《离婚登记审查处理表》“当事人领证签名并按指纹”一栏中签名并按指纹。

“当事人领证签名并按指纹”一栏不得空白，不得由他人代为填写、代按指纹；

（二）在当事人的结婚证上加盖条形印章，其中注明“双方离婚，证件失效。××婚姻登记处”。注销后的结婚证复印存档，原件退还当事人；

（三）将离婚证及协议书发给离婚当事人，完成离婚登记。

离婚登记完成后，当事人要求更换离婚协议书或变更离婚协议内容的，婚姻登记机关不予受理。

**第五十六条** 婚姻登记员每办完一对离婚登记，应当依照《婚姻登记档案管理办法》，对应当存档的材料进行整理、扫描、保存，不得出现原始材料丢失、损毁情况。

**第五十七条** 婚姻登记机关对不符合离婚登记条件的，不予受理。当事人要求出具《不予办理离婚登记告知书》（见附件15）的，应当出具。

当事人属于无民事行为能力人或者限制民事行为能力人的，婚姻登记机关还应当指引其可以通过诉讼程序进行离婚。

**第五十八条** 自本规范第五十条规定的期限届满后的30日后，男女双方申请离婚登记的，应当按照本规范第四十七条规定的程序重新提出离婚申请。

## 第六章 补领婚姻登记证件

**第五十九条** 当事人需要补领婚姻登记证件的，可以向婚姻登记机关申请办理。

婚姻登记机关对当事人的婚姻登记档案进行查证，确认属实的，应当为当事人补发结婚证、离婚证。

**第六十条** 婚姻登记机关为当事人补发结婚证、离婚证，应当按照初审—受理—审查—发证程序进行。

**第六十一条** 受理补领结婚证、离婚证申请的条件是：

（一）申请事项属于该婚姻登记处职能范围；

（二）当事人依法登记结婚或者登记离婚，现今仍然维持该状况；

（三）当事人持有本规范第二十九条至第三十五条规定的有效证件；

（四）当事人持有加盖查档专用章的婚姻登记档案或信息共享获取的婚姻登记电子档案；

（五）补领结婚证的当事人双方亲自到婚姻登记处提出申请，填写《申请补领婚姻登记证件声明书》（见附件16）；补领离婚证的当事人亲自到婚姻登记处提出申请，填写《申请补领婚姻登记证件声明书》。

当事人因故不能到婚姻登记处申请补领婚姻登记证件的，有档案可查且档案信息与身份信息一致的，可以委托他人办理。委托办理应当提交当事人的身份证件和经公证机关公证的授权委托书。委托书应当写明当事人姓名、身份证件号码、办理婚姻登记的时间及承办机关、目前的婚姻状况、委托事由、受委托人的姓名和身份证件号码。受委托人应当同时提交本人的有效身份证件。

**第六十二条** 婚姻登记员受理补领婚姻登记证件申请，应当按照下列程序进行：

（一）询问当事人的身份信息、婚姻状况；

（二）查看本规范第六十一条规定的证件和书面材料；

（三）通过身份信息识别比对设备进行人证校验、指纹比对；

（四）审查当事人提交的证件和书面材料；

（五）当事人现场填写《婚姻登记个人信用信息风险告知书》；

（六）当事人填写《申请补领婚姻登记证件声明书》，《申请补领婚姻登记证件声明书》中“声明人”一栏的签名必须由声明人在监誓人面前完成并按指纹；

（七）婚姻登记员作监誓人并在监誓人一栏签名；

（八）申请补领结婚证的，双方当事人提交 3 张 2 寸双方近期半身免冠同版合影证件照；申请补领离婚证的当事人提交 2 张 2 寸单人近期半身免冠同版证件照。

**第六十三条** 婚姻登记员对符合补发条件的，填写《补发婚姻登记证件审查处理表》（见附件 17）和婚姻登记证件。《补发婚姻登记证件审查处理表》参照本规范第三十八条规定填写。

**第六十四条** 补发婚姻登记证件时，见证当事人本人亲自在《补发婚姻登记证件审查处理表》“当事人领证签名并按指纹”一栏中签名并按指纹，将婚姻登记证件发给当事人。

**第六十五条** 婚姻登记员每办完一例补发婚姻登记证件，应当依照《婚姻登记档案管理办法》，对应当存档的材料进行整理、扫描、保存，不得出现原始材料丢失、损毁情况。

**第六十六条** 当事人所持身份证件上姓名、出生日期、身份证件号码与婚姻登记档案记载不一致的，按照下列情形处理：公安机关出具的证明或当事人的户口簿上以曾用名的方式反映姓名变更的，婚姻登记机关可以采信。

当事人提供证明身份信息一致的证明材料，并能够证明一致的，婚姻登记机关可以采信。

当事人办理结婚登记时未达到法定婚龄，通过非法手段取得婚姻登记，其在申请补领时仍未达法定婚龄的，婚姻登记机关不得补发结婚证；其在申请补领时已达法定婚龄的，当事人应对结婚登记情况作出书面说明，填写《补领婚姻登记证件相关事项声明表》（见附件18），婚姻登记机关补发的结婚证登记日期为当事人达到法定婚龄当日。

**第六十七条** 具有以下情形的，当事人应当向本规范第五条第二款规定的婚姻登记机关申请：

（一）一方为外国人或香港、澳门、台湾居民及华侨的；

（二）双方为香港、澳门、台湾居民及华侨的。

申请补领婚姻登记证件时双方均为外国人的，不予补发，可以为其调取婚姻登记档案。

**第六十八条** 当事人补领婚姻登记证件时，结婚登记档案查找不到的，应当向婚姻登记机关提交下列至少两项婚姻关系证据的材料：

（一）户口簿上夫妻关系的记载或者户口簿上曾经记载为夫妻关系的材料；

（二）原婚姻登记机关出具的当事人何年何月何日办理过结婚登记的说明材料；

（三）加盖单位印章的记载夫妻关系的人事档案复印件及单位证明材料；

（四）村（居）民委员会主动出具的婚姻关系凭证材料；

（五）两名近亲属作出的当事人为夫妻关系的声明。相关证明人须持本人有效居民身份证与当事人共同到婚姻登记处补领结婚证，进行书面声明并对证明事项依法承担相应责任；

（六）其他能够充分证明当事人依法登记过的证明材料。

当事人声明依法登记且婚姻关系存续至今，能够提供充分证据的，婚姻登记机关经过严格审查后为其补发结婚证。

**第六十九条**　当事人办理过结婚登记，申请补领时的婚姻状况因离婚或丧偶发生改变的，不予补发结婚证；当事人办理过离婚登记的，申请补领时的婚姻状况因恢复婚姻关系发生改变的，不予补发离婚证。

**第七十条**　婚姻登记机关对不具备补领结婚证、离婚证受理条件的，不予受理。当事人要求出具《不予补发结婚证告知书》（见附件19）或者《不予补发离婚证告知书》（见附件20）的，应当出具。

## 第七章　撤销婚姻登记

**第七十一条**　撤销婚姻登记按照审查—告知—决定—送达—归档的程序办理。

**第七十二条**　审查撤销婚姻登记的条件：

（一）婚姻登记机关为原办理该婚姻登记的机关，属于该婚姻登记机关职能范围；

（二）公安、司法等部门出具的事实认定相关证明、情况说明、司法建议书、检察建议书等证据材料；

（三）符合法律法规规定的其他情形。

**第七十三条**　在收到公安、司法等部门出具的事实认定相关证明、情况说明、司法建议书、检察建议书等证据材料后，原办理婚姻登记的机关应当依法启动撤销婚姻登记程序，结合婚姻登记信息管理系统数据、婚姻历史档案以及当事人举证材料对相关情况进行审核，符合条件的撤销相关婚姻登记行政行为。

**第七十四条**　经审查符合第七十二条规定条件的，撤销婚姻登记的由婚姻登记处起草《关于撤销×××与×××婚姻登记的告知书》（见附件21）报批材料，报所属民政部门。符合撤销条件的，民政部门应当批准，并依法送达当事人及利害关系人。

对下落不明或无法查找到当事人的，可依法发布《关于撤销×××与×××婚姻登记的告知书送达公告》（见附件 22），一般公告期限为 10 日，公告期满后即为送达。

**第七十五条** 《关于撤销×××与×××婚姻登记的告知书》依法送达 15 日内，无当事人或利害关系人提出异议的，由民政部门制作《关于撤销×××与×××婚姻登记的决定》（以下简称“决定书”，见附件 23），并于作出决定之日起 15 个工作日内依法送达当事人及利害关系人，同时抄送人民法院、人民检察院或者公安机关。

对下落不明或无法查找到当事人的，可依法发布《关于撤销×××与×××婚姻登记的决定送达公告》（见附件 24），一般公告期限为 10 日，公告期满后即为送达。

采取直接送达、邮寄送达、委托送达、电子送达、公告送达等方式，严格规范送达，确保程序公正，并填写《送达回证》（见附件 25）。

**第七十六条** 婚姻登记机关在撤销婚姻登记决定生效后，应当及时在婚姻登记管理信息系统中备注说明情况，并在附件中上传决定书，不得删除婚姻登记系统中的原始登记信息。同时参照婚姻登记档案管理相关规定存档保管相关文书和证据材料。

## 第八章 监督与管理

**第七十七条** 各级民政部门应当建立监督检查制度，定期对本级民政部门设立的婚姻登记处和下级婚姻登记机关进行监督检查。

**第七十八条** 婚姻登记机关及其工作人员未履行个人信息保护义务的，由其上级机关或者履行个人信息保护职责的部门责令改正；对负有责任的领导人员和直接责任人员依法给予处分。

**第七十九条** 婚姻登记机关的工作人员买卖或者使用伪造、变造婚姻登记证件的，造成财产损失的，依法承担民事责任；构成违反治安管理行为的，依法给予治安管理处罚；构成犯罪的，依法追究刑事责任。

**第八十条**　婚姻登记机关及其工作人员违反规定应用婚姻登记信息系统的，由其上级机关责令限期改正并通报批评；情节严重的，对负有责任的领导人员和直接责任人员依法给予处分。

**第八十一条**　婚姻登记员违反规定办理婚姻登记，给当事人造成严重后果的，应当由婚姻登记机关承担对当事人的赔偿责任，并对承办人员进行追偿。

**第八十二条**　婚姻登记证件使用单位不得使用非上级民政部门提供的婚姻登记证件。各级民政部门发现本行政区域内有使用非上级民政部门提供的婚姻登记证件的，应当依法予以处理。

**第八十三条**　婚姻登记机关发现婚姻登记证件有质量问题时，应当及时书面报告省级人民政府民政部门或者国务院民政部门。

**第八十四条**　当事人应当对出具的证件和书面材料的真实性、合法性负责，出具虚假证件或者书面材料的，应当承担相应法律责任。

## 第九章　附　　则

**第八十五条**　县级以上人民政府民政部门办理婚姻登记的，“结婚证字号”填写式样为“Jaaaaaa-bbbb-cccccc”（其中“aaaaaa”为6位行政区划代码，“bbbb”为当年年号，“cccccc”为当年办理婚姻登记的序号）。“离婚证字号”开头字符为“L”。“补发结婚证字号”开头字符为“BJ”。“补发离婚证字号”开头字符为“BL”。

县级人民政府民政部门设立多个婚姻登记巡回点的，由县级人民政府民政部门明确字号使用规则，规定各登记点使用号段。

乡（镇）人民政府办理婚姻登记的，行政区划代码由6位改为9位（在县级区划代码后增加三位乡镇代码），其他填写方法与上述规定一致。

**第八十六条**　本规范规定的当事人无配偶声明或证明，自出具之日起6个月内有效（注明有效期的除外）。

**第八十七条** 本规范规定当事人提交的证件和书面材料，婚姻登记机关对其提交的证件复印留存，对提交的书面材料留存原件。

当事人提交的证件和书面材料有私自涂改痕迹、内容缺失或者不能辨认的，婚姻登记机关应当要求当事人重新出具。

**第八十八条** 当事人向婚姻登记机关提交的“本人无配偶证明”等材料是外国语言文字的，应当翻译成中文。当事人未提交中文译文的，视为未提交该文件。婚姻登记机关可以接受有资格的翻译机构出具的翻译文本。

**第八十九条** 本规范规定的当事人提交的婚姻登记证件照，应当为同一底版、单一底色的近期半身正面免冠证件照，不使用婚纱照、剧照、艺术照等。

**第九十条** 婚姻登记机关收到人民法院确认婚姻无效或者撤销婚姻的判决书副本后，应当将该判决书副本存入当事人的婚姻登记档案。

**第九十一条** 各级民政部门依据有关法律法规和国家规定，统一协调推进电子证照在婚姻登记业务中的应用。

**第九十二条** 本规范自 2025 年 5 月 10 日起实施。

附件略——编者注

## 指导案例、典型案例与解读

人力资源社会保障部　最高人民法院

# 关于联合发布第四批劳动人事争议典型案例的通知

2025年4月9日　　人社部函〔2025〕28号

**各省、自治区、直辖市人力资源社会保障厅（局）、高级人民法院，解放军军事法院，新疆生产建设兵团人力资源社会保障局、新疆维吾尔自治区高级人民法院生产建设兵团分院：**

为深入贯彻党的二十届三中全会关于完善劳动关系协商协调机制、加强劳动者权益保障的重要部署，落实人力资源社会保障部、最高人民法院《关于加强劳动人事争议仲裁与诉讼衔接机制建设的意见》（人社部发〔2017〕70号）提出的“开展类案分析，联合筛选并发布典型案例”等要求，明确社会保险及竞业限制法律适用标准，进一步提高劳动人事争议案件处理质效，合力维护劳动关系和谐与社会稳定，现发布第四批劳动人事争议典型案例，请各地仲裁机构、人民法院在办案中予以参照。

# 劳动人事争议典型案例（第四批）

目　录



**案例 1**

## 工伤职工能否根据诊断证明书主张延长停工留薪期

### 【基本案情】

彭某系某城建公司职工，该公司为彭某缴纳了工伤保险费。2021 年 10 月，彭某在拆迁工作中受伤并住院治疗。后彭某被认定为工伤，停工留薪期为 12 个月。其间，某城建公司按照法律规定按月向其支付停工留薪期工资。2022 年 9 月起，某城建公司多次通过书面、电话、微信等方式通知彭某，如需延长停工留薪期，应提供有关材料并经劳动能力鉴定委员会现场鉴定后确认。但彭某一直不予配合，仅提交了某医院出具的“建议 2022 年 11 月至 2023 年 1 月继续病休”的诊断证明书，且拒绝与某城建公司人事经理沟通。2022 年 11 月起，某城建公司以停工留薪期满为由开始向彭某发放病假工资。2023 年 2 月，彭某向劳动人事争议仲裁委员会（以下简称仲裁委员会）申请仲裁。

**【申请人请求】**

请求裁决某城建公司按照停工留薪期工资标准支付 2022 年 11 月至 2023 年 1 月期间的工资差额。

**【处理结果】**

仲裁委员会裁决：驳回彭某的仲裁请求。

**【案例分析】**

本案的争议焦点是仅凭医院诊断证明书，能否延长工伤职工停工留薪期。

《中华人民共和国社会保险法》第三十九条规定："因工伤发生的下列费用，按照国家规定由用人单位支付：（一）治疗工伤期间的工资福利……"《工伤保险条例》（中华人民共和国国务院令第 375 号）第三十三条规定："职工因工作遭受事故伤害或者患职业病需要暂停工作接受工伤医疗的，在停工留薪期内，原工资福利待遇不变，由所在单位按月支付。停工留薪期一般不超过 12 个月。伤情严重或者情况特殊，经设区的市级劳动能力鉴定委员会确认，可以适当延长，但延长不得超过 12 个月……"《工伤职工劳动能力鉴定管理办法》（人力资源社会保障部、国家卫生和计划生育委员会令第 21 号）第十一条规定："……工伤职工应当按照通知的时间、地点参加现场鉴定……"从上述规定可知，停工留薪期是《中华人民共和国社会保险法》及《工伤保险条例》规定的工伤职工暂时停止工作进行治疗并享受相应工伤保险待遇的期限，一般不超过 12 个月，职工的伤情严重或者情况特殊需要更长保障时间的，经设区的市级劳动能力鉴定委员会确认，可以适当延长。这种制度设计既确保工伤职工在治疗期间得到相应保障，也能够避免工伤职工“小伤大养”损害企业合法权益的情况。

本案中，因彭某不配合提交有关材料、进行现场鉴定，其未经当地市级劳动能力鉴定委员会确认延长停工留薪期，故其应当享受的停工留薪期已于2022年10月期满。因此，某城建公司不再按照停工留薪期工资标准支付其工资福利待遇的做法并无不妥，仲裁委员会对彭某的仲裁请求不予支持。

**【典型意义】**

停工留薪期是保障工伤职工权利的重要制度设计，在此期间的工资福利待遇是工伤职工受伤后赖以维持自身及家庭生活的主要资金来源，能否依法享受对工伤职工非常重要。需要强调的是，停工留薪期与医疗机构认定的需脱产治疗休息的期间并不是同一概念。后者由医疗机构根据工伤职工的具体伤情判断；前者具有统一上限，能否延长应由法定专门机构按照法定程序确认。工伤职工伤情严重或者情况特殊需要延长停工留薪期的，应当严格遵守《工伤保险条例》第三十三条规定的程序向设区的市级劳动能力鉴定委员会申请确认，而不能仅凭医疗机构出具的诊断证明书自行延长。同时，用人单位也应当建立合理的请假审批制度，明确相关管理流程，确保双方及时、有效沟通。

案例 2

## 用人单位能否因女职工怀孕调岗降薪

### 【基本案情】

赵某于 2022 年 1 月入职某科技公司任工程师，双方订立的劳动合同约定：工作期间分为参与具体项目期间与等待项目期间，其中参与具体项目期间赵某的月工资构成为基本工资 3000 元（高于当地最低工资标准）加项目岗位津贴 14000 元；等待项目期间赵某仅领取基本工资。2023 年 2 月，赵某告知某科技公司其怀孕事实，某科技公司未与赵某沟通协商便直接向赵某所在的项目组宣布“赵某退出所在项目组”，赵某反对无果后未再上班。此后，某科技公司主张赵某未参与项目并按照 3000 元/月的标准支付赵某孕期工资。赵某向仲裁委员会申请仲裁。

### 【申请人请求】

请求裁决某科技公司按照 17000 元/月的标准补齐孕期工资差额。

### 【处理结果】

仲裁委员会裁决：某科技公司按照 17000 元/月的标准补齐赵某孕期工资差额。

### 【案例分析】

本案的争议焦点是用人单位能否因为女职工怀孕调岗降薪。

《中华人民共和国妇女权益保障法》第四十八条第一款、《女职工劳动保护特别规定》（中华人民共和国国务院令第 619 号）第五条明确规定用人单位不得因怀孕降低女职工的工资和福利待遇。《女职工劳动保护特别规定》第六条第一款规定“女职工在孕期不能适应原劳动的，用人单位应当根据医疗机构的证明，予以减轻劳动量或者安排其他能够适应的劳动”，明确“减轻劳动量或者安排其他能够适应的劳动”的前提是“女职工在孕期不能适应原劳动”。因此，孕期女职工能够适应原劳动的，用人单位应当尊重并保护女职工的劳动权利。

本案中，某科技公司要求赵某退出所在项目的行为，既不符合双方劳动合同约定的等待项目期间的情形，也未征求赵某本人的同意，更未经医疗机构证明赵某存在“不能适应原劳动”的情形，属于违反《女职工劳动保护特别规定》第六条规定，变相调整孕期女职工岗位的情形。该公司以赵某未参与项目为由降低赵某孕期工资标准，违反了《中华人民共和国妇女权益保障法》第四十八条第一款、《女职工劳动保护特别规定》第五条的规定，因此，仲裁委员会依法裁决某科技公司按照赵某原工资待遇17000元/月的标准补齐赵某的孕期工资差额。

**【典型意义】**

党的二十大报告提出完善劳动者权益保障制度、保障妇女儿童合法权益等要求，我国多部法律法规对保护女职工劳动权利与身心健康作出了特别规定。实践中，用人单位在开展日常用工管理时应注意依法保护女职工尤其是孕期、产期、哺乳期（以下简称“三期”）女职工的合法权益，不能通过变相调整工作岗位、提升工作强度等方式侵害“三期”女职工的劳动权利，也不能违法降低“三期”女职工的工资及福利待遇。同时，女职工也应科学评估自身身体状况，正确看待不能适应原劳动等特殊情形，积极与用人单位沟通，合理维护自身合法权益。

## 案例 3

# 病亡职工的遗属能否以未依法缴纳社会保险费为由要求用人单位补足抚恤金

### 【基本案情】

2016 年 6 月，刘某松入职某出租车公司，双方劳动合同约定刘某松工作岗位为司机，劳动合同期限自 2016 年 6 月 2 日至 2022 年 3 月 31 日。2021 年 8 月 20 日，刘某松因病死亡。经查询，刘某松基本养老保险累计实际缴费年限为 4 年 2 个月，个人缴费金额合计 13766. 64 元。2017 年 5 月至 2018 年 5 月期间，某出租车公司未按照《中华人民共和国社会保险法》规定为刘某松缴纳社会保险费。因该期间社会保险断缴导致刘某松遗属张某欣、张某颖、张某萍无法领取的抚恤金差额为 36633. 36 元。张某欣、张某颖、张某萍向仲裁委员会申请仲裁，请求：某出租车公司支付非因工死亡抚恤金差额 36633. 36 元。之后，张某欣、张某颖、张某萍不服仲裁委员会裁决，向人民法院提起诉讼。

### 【原告请求】

张某欣、张某颖、张某萍起诉请求某出租车公司支付非因工死亡抚恤金差额 36633. 36 元。

### 【处理结果】

人民法院判决：某出租车公司向张某欣、张某颖、张某萍支付非因工死亡的抚恤金差额 36633. 36 元。

【案例分析】

《中华人民共和国社会保险法》第十七条规定："参加基本养老保险的个人，因病或者非因工死亡的，其遗属可以领取丧葬补助金和抚恤金……"当地规定，根据本人的缴费年限确定抚恤金的发放月数，缴费年限满 5 年不满 10 年的，发放月数为 6 个月；累计缴费年限不满 5 年的，其遗属待遇标准不得超过其个人缴费之和。本案中，某出租车公司未依法为刘某松缴纳 2017 年 5 月至 2018 年 5 月期间的社会保险费，致使张某欣、张某颖、张某萍无法按照缴费年限满 5 年领取 6 个月的抚恤金，只能领取刘某松个人缴费的 13766.64 元，因此，某出租车公司应支付抚恤金差额部分。

【典型意义】

国家建立社会保险制度，保障公民在年老、疾病、工伤、失业、生育等情况下依法从国家和社会获得物质帮助的权利。用人单位依法为劳动者缴纳社会保险费，是劳动者享受社会保险待遇的前提条件之一。劳动者因病或者非因工死亡，因用人单位未依法缴纳社会保险费导致劳动者遗属少领取抚恤金等待遇的，用人单位应依法赔偿差额损失。

案例 4

## 劳动者自行承担用人单位应缴未缴的社会保险费的，用人单位应否承担赔偿责任

【基本案情】

李某与某公司存在劳动关系。劳动关系存续期间内，某公司仅为李

某缴纳了工伤保险费，李某自行承担了用人单位应缴未缴的社会保险费用。李某向仲裁委员会申请仲裁，请求某公司支付用人单位应负担的社会保险费。后李某不服仲裁裁决，向人民法院提起诉讼。

**【原告请求】**

李某起诉请求某公司赔偿用人单位应负担部分的社会保险费损失。

**【处理结果】**

人民法院判决：某公司支付李某社会保险费损失。

**【案例分析】**

用人单位应当按照《中华人民共和国社会保险法》相关规定为劳动者缴纳社会保险费。用人单位未按照国家规定为劳动者缴纳社会保险费，劳动者自行代用人单位承担部分系劳动者的损失，可向用人单位主张损失赔偿。本案中，某公司应赔偿李某劳动关系存续期间用人单位应缴未缴的社会保险费损失。

**【典型意义】**

社会保险费是社会保险基金的主要来源，用人单位能否按时足额缴纳社会保险费，关系到社会保险基金的安全和有效运行，关系到劳动者的劳动权益保障。《中华人民共和国社会保险法》第六十条第一款规定：“用人单位应当自行申报、按时足额缴纳社会保险费，非因不可抗力等法定事由不得缓缴、减免。职工应当缴纳的社会保险费由用人单位代扣代缴，用人单位应当按月将缴纳社会保险费的明细情况告知本人。”用人单位不依法为劳动者缴纳社会保险费属于违法行为，应当承担相应的法律责任。

案例 5

## 主体不适格，竞业限制条款是否有效

### 【基本案情】

某保安公司主营业务是给商业楼宇、居民小区提供安全保卫等服务。2019 年 3 月，某保安公司招聘李某担任保安，双方订立期限为 2 年的劳动合同，工资为 3500 元/月。劳动合同约定保安的主要职责为每日到某商业楼宇街区开展日常巡逻安保工作，同时内附竞业限制条款，约定："职工与某保安公司解除或终止劳动合同后 1 年内不得到与该公司有竞争关系的单位就职，职工离职后某保安公司按月支付当地最低月工资标准的 30%作为竞业限制经济补偿。职工若不履行上述义务，应当承担违约赔偿责任，违约金为 20 万元。"2021 年 3 月，双方劳动合同到期终止，李某未续订劳动合同并入职另一家保安公司担任保安。某保安公司认为李某去其他保安公司担任保安违反竞业限制约定；李某认为自己作为保安，不了解也不掌握公司的商业秘密，自己不是履行竞业限制义务的适格主体。某保安公司向仲裁委员会申请仲裁。

### 【申请人请求】

请求裁决李某支付竞业限制违约金。

### 【处理结果】

仲裁委员会裁决：驳回某保安公司的仲裁请求。

### 【案例分析】

本案的争议焦点是李某是否为履行竞业限制义务的适格主体。

《中华人民共和国劳动合同法》第二十三条第一款规定："用人单位与劳动者可以在劳动合同中约定保守用人单位的商业秘密和与知识产权相关的保密事项。"第二款规定："对负有保密义务的劳动者，用人单位可以在劳动合同或者保密协议中与劳动者约定竞业限制条款，并约定在解除或者终止劳动合同后，在竞业限制期限内按月给予劳动者经济补偿。劳动者违反竞业限制约定的，应当按照约定向用人单位支付违约金。"第二十四条第一款规定："竞业限制的人员限于用人单位的高级管理人员、高级技术人员和其他负有保密义务的人员……"前两个条款正向规定用人单位有权利与"负有保密义务的劳动者"约定离职后竞业限制条款，后一个条款反向限定竞业限制的人员范围仅限于"高级管理人员、高级技术人员和其他负有保密义务的人员"。因此，用人单位与"高级管理人员、高级技术人员"以外的其他劳动者约定竞业限制条款，应当以该劳动者负有保密义务为前提，即劳动者在用人单位的职务或岗位足以使他们知悉用人单位的商业秘密和与知识产权相关的保密事项。

本案中，李某的主要职责为每日到商业楼宇街区开展日常巡逻安保工作，其所在的保安岗位明显难以知悉某保安公司的商业秘密和与知识产权相关的保密事项，某保安公司亦无证据证明李某具有接触公司商业秘密等保密事项的可能，因此李某不是竞业限制义务的适格主体。某保安公司与李某约定竞业限制条款，不符合《中华人民共和国劳动合同法》第二十三条、第二十四条关于竞业限制义务适格主体的规定。因此，竞业限制条款对双方不具有约束力，对某保安公司要求李某支付竞业限制违约金的请求，仲裁委员会不予支持。

**【典型意义】**

竞业限制是在劳动立法中保护用人单位商业秘密的一项制度安排，本意是通过适度限制劳动者自由择业权以预防保护用人单位的商业秘密，进而维护市场主体的公平竞争环境。但当前一些行业、企业出现了用人单位滥用竞业限制条款限制劳动者就业权利的情况，侵害了劳动者合法权益，影响了人力资源合理流动，损害了正常的营商环境。各级裁审机构在处理竞业限制争议时应当坚持统筹处理好促进企业发展和维护职工权益关系的原则，对竞业限制条款进行实质性审查，既要保护用人单位的商业秘密等合法权益，又要防止因不适当扩大竞业限制范围而妨碍劳动者的择业自由；既要注重平衡市场主体的利益关系，又要维护公平竞争的市场经济秩序，最大限度地实现竞业限制制度的设立初衷。

# 贵州省高级人民法院、贵州省人力资源和社会保障厅联合发布劳动争议典型案例

（2025 年 4 月 24 日）

为强化对全省各级劳动人事争议仲裁机构、人民法院办案指导力度，统一劳动争议案件裁审尺度，推动劳动争议案件矛盾纠纷实质性化解，贵州省高级人民法院、贵州省人力资源和社会保障厅联合发布劳动争议典型案例。本次选取十起案例，涵盖了新就业形态劳动关系认定、女性职工产假权益、农民工工伤保险待遇、疑似职业病健康检查权益、用人单位考核制度合法性认定等多个领域，关涉美团外卖骑手、网络主播、女性职工、农民工、疑似职业病患者和用人单位等多个主体。在 2025 年“五一”国际劳动节到来之际，贵州省高级人民法院和贵州省人力资源和社会保障厅联合发布该批典型案例，通过“以案释法”“以案明理”，促进公正高效裁审，依法维护劳动者合法权益，切实支持用

人单位规范自主经营权，构建和谐稳定的劳动关系，助力以高质量法治保障工作支撑和服务中国式现代化贵州新篇章。

## 目　录

**案例1**

## 李某与湖北某网络科技公司劳动争议案

### ——新就业形态劳动关系认定应遵循实质性审查标准

**【关键词】**

劳动争议　新就业形态　劳动关系　美团外卖　外卖骑手

**【基本案情】**

湖北某网络科技公司的经营范围包含配送服务等，该公司与北京某科技公司贵阳分公司签订有《某外卖合作协议》，协议约定由湖北某网络科技公司自行组建专门的配送团队，其配送员与其建立用工关系，可从事该公司在某外卖平台负责的息烽县外卖业务。2023年11月12日，李某与湖北某网络科技公司签订了承揽协议，工作地点在息烽区域，协议约定李某自备交通工具从事外卖配送工作，每天通过某App打卡上线接单，公司每天进行道路交通骑行安全培训，培训后骑手开展配送工作，且饭点高峰必须在岗，配送完成后下班，工资标准系配送单量乘以单价，标准为0—600单每单3.5元，600—1000单每单4元，1000单以上每单4.5元，支付方式为通过从某钱袋宝支付技术有限公司（美团）

平台提现，李某工作期间需要遵守该公司制定的《某外卖骑手须知》。2023 年 11 月 26 日，湖北某网络科技公司作为投保人为李某在某保险公司购买了雇主责任保险，后李某在配送时发生交通事故受伤，之后未再从事配送工作。事后，李某因确认劳动关系与湖北某网络科技公司发生争议，并申请劳动仲裁，请求裁决李某与湖北某网络科技公司、北京某科技公司贵阳分公司从 2023 年 11 月 12 日至今存在劳动关系。

**【裁决要旨】**

仲裁委生效仲裁裁决认为，在未签订书面劳动合同的情况下，劳动关系是否成立，应从劳动者对用人单位是否具有经济上、组织上和人格上的从属性进行认定，即用人单位依法制定的各项规章制度是否适用于劳动者、劳动者劳动过程中是否需要服从用人单位的监督指导、劳动者是否从事用人单位安排的有报酬的劳动等。本案中，李某与湖北某网络科技公司均符合法律法规规定的主体资格。李某 2023 年 11 月 12 日至 11 月 26 日在湖北某网络科技公司处从事外卖配送工作，湖北某网络科技公司管理人员每天对李某进行日常点名，并规定饭点高峰必须在岗，李某通过美团 App 打卡上线接单，同时需要遵守湖北某网络科技公司制定的《某外卖骑手须知》，李某在人格从属性上从属于该公司。李某工资是由李某派送的单量乘以单价计算，湖北某网络科技公司每月 20 日向李某支付上月工资，其在经济从属性上从属于该公司。李某提供的外卖配送工作是湖北某网络科技公司的业务范围，其在组织从属性上也从属于该公司。因此，虽然李某与湖北某网络科技公司签订了《承揽合同》，但双方符合劳动关系成立的要件，故依法裁决确认李某与湖北某网络科技公司在 2023 年 11 月 12 日至 11 月 26 日期间存在劳动关系。

**【典型意义】**

随着互联网平台经济迅速发展，网约配送员、网约车司机、互联网营销师等新就业形态劳动者大幅增加，企业通过外包、承揽协议等规避用工责任的情形大量出现。骑手与企业签署了合作、承揽协议，但劳动者主张双方存在劳动关系的，应当以劳动关系从属性作为内在核心评判标准，在案件审理时应根据用工时企业对骑手的工作管理要求、骑手劳动报酬组成、绩效评估奖惩机制、平台经营模式等具体情况进行综合评判，对于双方均具备劳动关系主体资格，且实际履行的权利义务内容符合劳动关系从属性本质特征的，依法应认定双方存在劳动关系。

**【关联索引】**

《劳动和社会保障部关于确立劳动关系有关事项的通知》第一条

**案例 2**

## 喻某兰与某文化传媒公司劳动争议案

——经纪协议具有合作性质的，双方不构成劳动关系

**【关键词】**

劳动争议　新就业形态　网络主播　经纪协议

**【基本案情】**

某文化传媒公司成立于 2022 年 7 月 20 日，主要经营范围为影视文化传媒。2023 年 11 月 3 日，喻某兰（女）入职该公司，与该公司签订《艺人经纪协议》，并从事网络主播工作。双方签订《艺人经纪协议》约定合作方式为："1. 甲乙双方同意进行独家排他性的娱乐演艺业的经纪和经营管理合作，乙方选择甲方担任其独家的经纪和经营管理公司。

甲方接受乙方的合作，根据本协议的约定担任乙方的独家的经纪和经营管理公司。2. 乙方使用的直播账号需加入甲方指定的工会，乙方在直播平台活动所产生的全部收益（包括但不限于虚拟礼物、道具收益、平台奖励、直播带货和短视频广告等收益）是双方全力合作所产生的。”双方约定利益分配方式为：“因乙方进行互联网直播演艺获得的虚拟礼物收益，其中按平台官方规定给予乙方的部分扣除所有税费后按以下方案进行分配：（1）乙方 35%，除此之外的均归甲方所有。”实际上，直播收益分配为：喻某兰个人占 35%，公司占 15%，平台 50%。2024 年 1 月 9 日，喻某兰以某文化传媒公司拖欠其 2023 年 11 月 3 日至 2024 年 1 月 9 日期间工资为由，申请劳动仲裁，请求依法裁决该公司向其支付被拖欠工资。

**【裁决要旨】**

仲裁委生效仲裁裁决认为，喻某兰与某文化传媒公司未签订书面劳动合同，喻某兰所述签订的劳动合同实际是《艺人经纪协议》，在协议中双方明确约定了合作模式和利益分配方式，而实际上喻某兰的直播收益分配为个人 35%，公司 15%，平台 50%。根据《劳动和社会保障部关于确立劳动关系有关事项的通知》第一条的规定，劳动关系是指用人单位与劳动者个人之间，劳动者接受用人单位的管理，从事用人单位安排的工作，成为用人单位的成员，从用人单位领取报酬和受劳动保护所产生的法律关系。而本案双方当事人系根据其所签订的经纪协议进行合作，喻某兰通过第三方合作平台进行直播，公司为喻某兰提供经纪服务和经纪运营，所获收益亦由双方按约定比例分配，双方当事人之间不具有劳动关系项下的人身依附性和财产从属性，不符合劳动者与用人单位之间劳动关系的法律属性，不具备劳动关系的成立要件，故双方不存在劳动关系。因双方不存在劳动关系，喻某兰的仲裁请求没有依据，依法应予驳回。

**【典型意义】**

随着新业态的发展，就业形态和利益分配方式日趋多样化，与传统演艺业相比，具有互动性及多元性。从本案内容上看，新就业形态下的网络主播与传统行业的演艺人员有较大区别，具有其独特的灵活性及复杂性，故在判断是否存在劳动关系上存在一定困难。但不管新就业形态如何变化，仍需对劳动关系的本质特征进行实质性审查，即劳企双方是否满足法律规定中的劳动关系构成要件。本案虽是新就业形态下的特殊产物，但并不符合劳动关系要素认定的法律规范。同时，劳动者在求职过程中作为自己的第一“监护人”，理应确认入职时所签订的合同、协议等内容，明确双方之间的法律关系，为保障自身的合法权益筑牢第一道法律防线。

**【关联索引】**

《劳动和社会保障部关于确立劳动关系有关事项的通知》第一条

**案例 3**

## 钱某与某航天信息公司劳动争议案

——用人单位制定不合理考核制度损害劳动者权益的，应承担损害赔偿责任

**【关键词】**

劳动争议　考核制度　调岗降薪　经济补偿

## 【基本案情】

钱某与某航天信息公司于 2015 年 6 月 29 日签订劳动合同，任运维工程师一职，期限为 2015 年 6 月 29 日至 2018 年 6 月 28 日。后双方陆续签订劳动合同，除期限不同外，其余内容不变。双方最后一次签订劳动合同时间为 2023 年 3 月 31 日，岗位为技术工程师，期限为无固定期限。2023 年 11 月 9 日，某航天信息公司将钱某从原技术服务工程师调岗至技术研发终端维修中心运维工程师岗位。调岗后，除工资降低外，岗位工作内容、工作地点与调岗前并无实质性差异。某航天信息公司新制定的《运维产业化绩效考评及提成标准（试行）方案》对钱某等运维员工明确了绩效考核标准和提成标准，规定“月服务单低于 65 单”且“月度毛利指标完成率低于 50%”，该月个人绩效考核为 0 分，包括服务质量指标和服务单量指标。月服务单 65 单包括公司给钱某派单以及由其自行找单，钱某等员工除要完成公司指派的维修单外还需自行寻找维修单才能完成目标单量。2024 年 1 月至 4 月的任务指标完成情况显示，服务质量指标没有一个员工能够完成（共 14 名运维员工），服务单量指标方面 1—2 月没有一个员工完成，3 月、5 月仅有 3 名员工完成。且该方案明确规定自 2024 年 3 月 1 日起试行，但某航天信息公司自 2024 年 1 月开始就根据钱某的任务指标完成情况进行考核计发工资。钱某 2023 年的实发月工资均不低于 3000 元，但自 2024 年 1 月起，钱某月工资直线下降，3—4 月每月实发工资仅有 1259. 86 元，且工龄工资降为 0 元（自 2023 年 6 月起钱某的工龄工资为每月 400 元）。钱某于 2024 年 4 月 30 日以某航天信息公司调岗降薪未足额发放劳动报酬为由提出解除劳动合同，告知解除双方劳动关系。其后，钱某申请劳动仲裁，请求裁决某航天信息公司向其补发 2024 年 1 月至 4 月期间未足额支付的工资差额以及向其支付经济补偿。

## 【裁决要旨】

仲裁委生效仲裁裁决认为，首先，钱某调岗前工作内容及调岗后并无不同。双方劳动合同第四条规定，某航天信息公司实行新的工资制度或钱某的工作岗位变动时，钱某的工资待遇按照某航天信息公司的工资分配方式予以调整。但是，双方的劳动合同第九条“合同的变更”中明确规定：“（一）任何一方要求变更劳动合同的有关内容，都应以书面形式通知对方；（二）甲乙双方经协商一致，可以变更合同，并办理书面变更手续。”某航天信息公司对钱某的工资进行降低构成劳动合同内容的变更，根据《中华人民共和国劳动合同法》第三十五条“用人单位与劳动者协商一致，可以变更劳动合同约定的内容。变更劳动合同，应当采用书面形式”之规定，某航天信息公司应对降薪内容与员工协商达成一致，确保与员工进行充分的沟通和协商。某航天信息公司应对执行新的绩效方案后产生的降薪后果及数额标准明确告知钱某，而非单纯根据“按照某航天信息公司的工资分配方式予以调整”就对钱某的工资进行降低，该条款具有单方强制性，违反了《中华人民共和国劳动合同法》的规定，侵害了钱某的合法权益。其次，《运维产业化绩效考评及提成标准（试行）方案》规定“本方案自 2024 年 3 月 1 日起试行”，而某航天信息公司从 2024 年 1 月起就对钱某等运维员工按照新的方案对业务指标进行跟踪、考核，致使钱某工资明显降低，侵犯了钱某的权益。从该方案及每月对钱某等员工设定的考核指标来看，每月要求钱某等员工完成目标单量 65 单（如 3 月）、服务质量指标设定了钱某等员工每月需要完成 15000 元收入，即钱某等员工需要完成公司指派的维修单且需要自行寻找维修单才能完成目标单量，维修或者销售设备等收入要达到 15000 元的目标。该指标设定并不合理，因为公司指派的单量少于 65 单，钱某需要自行找单。为了完成单量，员工极有可能降低设备维修维护质量标准，从而损害客户合法权益。从某航天信息公司提供的 2024 年 1—4 月的任务指标完成情况来看，服务质量这项指标没有一个员工完成（共 14 名运维员工），服务单量指标方面 1—2 月没有一个员工完成，3 月、5 月仅有 3 名员工完成。因此，某航天信息公司的降薪行为不具有合法性及合理性，应当对扣发钱某的工资差额予以补足，并支付经济补偿。

## 【典型意义】

用人单位与职工之间是互相依赖、彼此成就的关系，用人单位应充分考虑考核指标本身的合法性、合理性和公平性。用人单位应与职工充分协商沟通，确定达成一致的绩效指标，并协助职工解决在完成考核任务过程中遇到的困难和障碍，帮助其提升技能，而不是随意设定绩效考核指标，并以考核不达标为由降薪从而迫使员工离职。用人单位亦应对降薪内容与员工协商达成一致，确保与员工进行充分沟通和协商，执行新的绩效方案后产生的降薪后果及数额标准应明确告知员工，其单方制定对员工明显不利的绩效考核标准导致员工工资降低的，员工有权主张补足工资差额，并可主张经济补偿。

## 【关联索引】

《中华人民共和国劳动合同法》第三十五条、第三十八条、第四十六条

## 案例 4

# 姚某与某科技公司劳动争议案

## ——用人单位以劳动合同期满为由解除孕期职工的，应支付经济赔偿金和生育津贴损失

**【关键词】**

劳动争议　孕期职工　经济赔偿金　生育津贴

**【基本案情】**

姚某于 2023 年 10 月 17 日与某科技公司签订了劳动合同，约定期限为 2023 年 10 月 17 日至 2024 年 9 月 30 日，姚某任职某科技公司在某市的渠道运维专员岗位。2024 年 3 月初，姚某口头告知公司领导其已怀有身孕，并于同年 5 月 31 日书面告知了公司该事实。2024 年 8 月 1 日，某科技公司向姚某发送了劳动合同到期不续约通知书，内容载明：因公司项目合同终止，公司将不再与姚某续签劳动合同，即终止双方劳动关系。2024 年 10 月 6 日，姚某入院待产。其后，姚某申请劳动仲裁，请求依法裁决某科技公司向其支付违法解除劳动关系的经济赔偿金，以及因非法辞退导致孕期及哺乳期社保断交而无法正常领取的生育津贴损失。

**【裁决要旨】**

仲裁委生效仲裁裁决认为，依照《中华人民共和国劳动合同法》第四十二条“劳动者有下列情形之一的，用人单位不得依照本法第四十条、第四十一条的规定解除劳动合同：……（四）女职工在孕期、

产期、哺乳期的”以及《中华人民共和国劳动合同法》第四十五条“劳动合同期满，有本法第四十二条规定情形之一的，劳动合同应当续延至相应的情形消失时终止”之规定，姚某在劳动合同期内怀孕，且某科技公司已知情，根据法律规定双方的劳动合同期限应当延续至产期（分娩之日到产假期满）结束，某科技公司以劳动合同期满为由解除孕期职工的劳动合同，违反了上述法律的规定，属于违法解除与姚某的劳动合同的行为，应当支付经济赔偿金。另外，双方当事人庭后均向某市医保局进行了咨询，《某市医疗保障局专题会议纪要》内容亦载明：“今后以入院时间点作为判断是否准予支付女职工生育津贴的标准，即对入院前（含入院当天）其所欠生育保险金补缴并实收到账的，其他政策条件符合参保人员，准予支付其生育津贴；对于入院后补缴其所欠生育保险金的，不予支付其生育津贴。”本案中，姚某系劳动关系解除以后入院待产生育孩子，即使某科技公司补缴了生育保险也不能享受生育津贴。因此，姚某未能领取生育津贴的原因在于某科技公司，某科技公司应当赔偿其给姚某造成的生育津贴损失，遂裁决某科技公司向姚某支付违法解除劳动合同的经济赔偿金，以及姚某的生育津贴损失。

**【典型意义】**

实践中，部分用人单位因缺少对妇女权益保障法律规定的了解，认为劳动合同期满解除并非违法行为。实际上，企业女性职工在孕期、产期和哺乳期（以下简称“三期”）内，其合法权益受到法律的特殊保护。如果女性职工与用工单位签订的劳动合同在“三期”内到期的，劳动合同依法应当续延至“三期”结束，用人单位不得以合同到期为由终止劳动合同。同时，因用人单位违法解除劳动合同后，女职工的生育津贴无法得到保障，用人单位应赔偿其生育津贴损失。

【关联索引】

《中华人民共和国劳动合同法》第四十二条、第四十五条、第四十七条、第八十七条，《最高人民法院关于审理劳动争议案件适用法律问题的解释（一）》第一条

### 案例 5

## 陈某勇与某桥隧劳务公司、某建筑工程公司工伤保险待遇纠纷案

——总承包方依法应对农民工工伤保险待遇承担连带赔偿责任

【关键词】

劳动争议　农民工　工伤保险　待遇　连带责任

【基本案情】

2023 年 2 月 19 日，陈某勇与某桥隧劳务公司签订《建筑企业劳动用工合同书》，合同期限自 2023 年 2 月 19 日至项目施工结算完成之日。其间，该公司未为陈某勇缴纳工伤保险费。2023 年 6 月 29 日，陈某勇在某桥隧劳务公司承建的案涉工地上班时踩滑摔倒受伤。陈某勇经送医治疗出院后，向劳动行政部门申请工伤认定，其所受到的事故伤害被认定为工伤，且劳动能力鉴定委员会确认其停工留薪期为 2023 年 6 月 29 日起至 2023 年 11 月 25 日止，共计 150 天，伤残等级为伤残九级。某建筑工程公司与某桥隧劳务公司签订工程劳务分包合同，将其承包的建

筑工程劳务分包给某桥隧劳务公司施工，该劳务分包合同 15. 3 条约定："关于分包人雇佣的任何员工或其他人员的任何意外事故或伤害所引起的一切损失或法律补偿费，承包人均不负责任。分包人应使承包人免遭此类损失或补偿，免遭此方面或与此相关的任何索赔、诉讼和费用。"某建筑工程公司投保了建筑施工人员团体意外伤害保险。后双方因工伤保险待遇产生纠纷，陈某勇遂申请劳动仲裁，请求裁决某桥隧劳务公司支付其一次性伤残补助金、一次性工伤医疗补助金、一次性伤残就业补助金、停工留薪期工资、劳动能力鉴定费等，并由某建筑工程公司承担连带责任。

**【裁决要旨】**

仲裁委生效仲裁裁决认为，陈某勇所受到的事故伤害经人力资源和社会保障部门认定为工伤，根据《中华人民共和国社会保险法》第三十六条第一款"职工因工作原因受到事故伤害或者患职业病，且经工伤认定的，享受工伤保险待遇；其中，经劳动能力鉴定丧失劳动能力的，享受伤残待遇"之规定，陈某勇应享受相应的工伤保险待遇。某桥隧劳务公司未为陈某勇缴纳工伤保险费，陈某勇的工伤损失，应由某桥隧劳务公司承担。《人力资源社会保障部、住房城乡建设部、安全监管总局、全国总工会关于进一步做好建筑业工伤保险工作的意见》（人社部发〔2014〕103 号）第四条规定："确保工伤保险费用来源。建设单位要在工程概算中将工伤保险费用单独列支，作为不可竞争费，不参与竞标，并在项目开工前由施工总承包单位一次性代缴本项目工伤保险费，覆盖项目使用的所有职工，包括专业承包单位、劳务分包单位使用的农民工。"第八条规定："落实工伤保险先行支付政策。未参加工伤保险的建设项目，职工发生工伤事故，依法由职工所在用人单位支付工伤保险待遇，施工总承包单位、建设单位承担连带责任；用人单位和承担连带责任的施工总承包单位、建设单位不支付的，由工伤保险基金先行支付，用人单位和承担连带责任的施工总承包单位、建设单位应当偿还；不偿还的，由社会保险经办机构依法追偿。”据此，未参加工伤保险的建设项目，职工发生工伤事故，依法由职工所在用人单位支付工伤保险待遇，施工总承包单位、建设单位承担连带责任。本案中，某建筑工程公司作为案涉建筑工程的总承包方，未按建设项目参加工伤保险，故某建筑工程公司应对陈某勇的工伤保险待遇承担连带赔偿责任。

**【典型意义】**

建筑业既属于工伤高风险行业，又是农民工非常集中的行业。然而，农民工权利意识薄弱、维权较为困难，为进一步维护建筑职工特别是农民工的工伤保险权益，国家有关部门先后出台了一系列法律法规和政策。但为降低成本，仍有部分建筑企业不落实安全管理制度，未依法为职工参加建设项目工伤保险。对此，《人力资源社会保障部、住房城乡建设部、安全监管总局、全国总工会关于进一步做好建筑业工伤保险工作的意见》的出台，为进一步维护建筑业职工特别是农民工工伤保险权益提供了政策保障。该意见明确了施工总承包单位的法定义务及相应法律后果。通过本案例，对施工企业也能起到较好的宣传教育效果，警醒建筑行业相关企业积极主动为职工特别是农民工缴纳工伤保险费，保障职工工伤保险权益。

**【关联索引】**

《中华人民共和国社会保险法》第三十六条

## 案例 6

# 石某华诉某煤业公司劳动争议案

## ——职业健康检查费用是用人单位应承担的法定义务

### 【关键词】

劳动争议　疑似职业病　健康权　职业健康检查费用

### 【基本案情】

石某华与某煤业公司签订劳动合同，工作内容为掘进工作，并约定了劳动合同期限和工资标准。合同期间，石某华到某健康体检中心进行职业健康检查，检查结论：疑似职业病。2022 年 7 月 26 日，石某华到某职业病防治所进行上岗前职业健康检查，职业体检结论：本次体检见职业禁忌证。职业体检建议：双肺见弥漫性结节影显示、双肺间质性改变，不宜从事粉尘作业，建议转专科医院检查明确。2022 年 8 月 2 日，石某华到贵州某人民医院进行职业健康检查，职业体检结论：复查（职业性）。职业体检建议：（1）胸部 CT 示双肺小结节影：建议 1 年后复查高仟伏胸片及胸部 HRCT。（2）复查期间不宜从事粉尘工作。2022 年 6 月起，石某华未再上班。2022 年 8 月 8 日，石某华向当地劳动人事争议仲裁委员会提出仲裁申请被告知不予受理后，遂提起本案诉讼，诉请判决某煤业公司支付其疑似职业病观察期间工资、职业健康检查费用等。

### 【裁判要旨】

法院生效判决认为，劳动者享有职业卫生保护的权利。《中华人民共和国职业病防治法》第五十五条规定："医疗卫生机构发现疑似职业病病人时，应当告知劳动者本人并及时通知用人单位。用人单位应当及时安排对疑似职业病病人进行诊断；在疑似职业病病人诊断或者医学观察期间，不得解除或者终止与其订立的劳动合同。疑似职业病病人在诊断、医学观察期间的费用，由用人单位承担。"本案中，石某华经某健康体检中心职业健康检查、某职业病防治所职业健康检查、贵州某人民医院职业健康检查，可以证实其已被确定为疑似职业病观察对象，虽其未被确诊为职业病，但某煤业公司应当及时安排其进行职业病诊断，并承担在诊断、医学观察期间的检查费用。又因某煤业公司未解除其与石某华的劳动合同，故公司应支付石某华疑似职业病观察期间的工资。

**【典型意义】**

劳动者有职业健康检查的权利，用人单位有义务安排劳动者进行职业健康检查，并承担检查费用。首先，依据《中华人民共和国职业病防治法》第五十五条的规定，用人单位必须组织具有职业病危险的劳动者进行职业健康检查，并承担职业健康检查费用，本案例提醒用人单位务必履行法定义务，否则将承担相应法律责任。其次，职业健康检查是预防职业病的重要措施，可以保障劳动者获得必要的健康检查，预防职业病发生。最后，明确用人单位在职业病预防中的职责和使命，有助于进一步改善劳动保护环境，推动完善职业病预防和保障体系。

**【关联索引】**

《中华人民共和国职业病防治法》第五十五条

## 案例 7

# 罗某莹诉某房地产公司劳动争议案

## ——女职工产期工资标准低于产前的，应就高计算经济补偿金

**【关键词】**

劳动争议　女性职工　生育津贴　工资标准

**【基本案情】**

罗某莹于 2021 年 7 月 13 日进入某房地产公司从事设计工作，双方签订了书面劳动合同，合同期限为 2021 年 7 月 13 日至 2023 年 9 月 13 日，其中试用期两个月（2021 年 7 月 13 日至 2021 年 9 月 13 日）。罗某莹于 2023 年 2 月 24 日开始请产假，2023 年 7 月 31 日产假结束。在 2023 年 8 月 1 日返岗上班后，某房地产公司并未将罗某莹安排到原来的岗位，而是安排其持续学习《企业 10 年文化》，且每天写一篇 300—500 字学习心得。在 2023 年 8 月 17 日至 2023 年 9 月 13 日期间，罗某莹拒绝某房地产公司安排的学习任务，也未按公司规定在《学习签到表》上签到，而是到自己工位上班，并用水印相机自行打卡。2023 年 9 月 14 日，某房地产公司通过微信通知罗某莹，因劳动合同到期，要求其到人力资源部续签劳动合同，罗某莹未同意。罗某莹产假期间领取生育津贴 20791. 22 元，某房地产公司发放 2023 年 3—7 月工资 7322. 66 元。2023 年 8 月向罗某莹发放工资 1449. 2 元。罗某莹产假前 12 个月平均工资为 4087. 5 元。罗某莹申请劳动仲裁后，不服劳动仲裁裁决，遂提起本案诉讼，诉请按产前工资计算其经济补偿金。

【裁判要旨】

法院生效判决认为，根据《中华人民共和国劳动合同法》第三十八条、第四十六条的规定，罗某莹与某房地产公司之间符合法律关于解除劳动关系应当支付经济补偿金的情形，某房地产公司在罗某莹产假期间及产假结束后并未按正常工资标准支付罗某莹的劳动报酬，双方亦未对孕期、产期和哺乳期工资进行约定，故该期间的收入不应作为计算经济补偿的月平均工资标准，否则将侵害罗某莹提供劳动并获得劳动报酬的权利。基于此，本案应以罗某莹产假前 12 个月的工资作为经济补偿的月平均工资标准，故某房地产公司应支付罗某莹的经济补偿金为 4087.5 元×2＝8175 元。

【典型意义】

用人单位与女性职工未对孕期、产期和哺乳期工资进行约定，用人单位在女性职工产假期间及产假结束后并未按照正常工资标准支付劳动者的劳动报酬，该期间女性职工的收入不应作为计算经济补偿金的标准，否则将侵害女性职工享受“同工同酬”的权利。本案件对于保障女性职工权益具有显著的示范作用，其明确了用人单位在女性职工孕期、产期、哺乳期不得随意解除劳动合同，应依法提供相应的劳动保护，并保障其获得劳动报酬的权利。

【关联索引】

《中华人民共和国劳动合同法》第三十八条、第四十二条、第四十四条、第四十五条、第四十六条、第四十七条，《中华人民共和国社会保险法》第六十三条

## 案例 8

# 某市政工程公司诉张某劳动争议案

## ——用人单位不得依据不合理考核制度解聘劳动者

【关键词】

劳动争议　考核制度　末位淘汰制　解除劳动合同

【基本案情】

2008 年 8 月 20 日，某市政工程公司作为甲方，张某（女）作为乙方，双方共同签订《聘用协议》，约定某市政工程公司聘用张某作为公司业务人员，聘用期为 3 年。2017 年、2020 年某市政工程公司作为甲方，张某作为乙方，双方陆续签订《劳动合同书》。张某自 2008 年 8 月 20 日起一直在某市政工程公司工作，担任工作员职务。2021 年 12 月 15 日，该公司上级管理公司制定《部门人员优化分配方案》并经职工代表大会讨论通过后予以实施。2022 年 3 月、4 月、5 月，张某在某市政工程公司连续 3 个月被考核为“不合格”，其中 2022 年 3 月考核得分仅 41 分（100 分制），4 月、5 月张某的考核评分与 3 月类似，均为未达到 60 分。2022 年 7 月 7 日，某市政工程公司通知解除其与张某签订的劳动合同。2022 年 11 月 2 日，张某向当地劳动人事争议仲裁委员会申请劳动仲裁，仲裁裁决支持了张某提出的仲裁请求。某市政工程公司不服该仲裁裁决，遂诉至法院，要求判决确认公司系合法解除劳动合同，无须向张某支付经济赔偿金。

【裁判要旨】

法院生效判决认为，《部门人员优化分配方案》“原部门编制中须有一人考核结果为‘不合格’。对于考核评定等级为‘不合格’的，将依法与其解除劳动关系”的规定，其实质是通过考核的方式淘汰部分员工，即便考核排名末位员工能够胜任工作，依然不能免除被淘汰的命运，该规定由某市政工程公司人力资源部拟定，且未经职工代表大会或者全体职工讨论，其制定程序违反《中华人民共和国劳动合同法》第四条规定，剥夺了劳动者的权利。依据《中华人民共和国民法典》第一百五十三条的规定，某市政工程公司依据《部门人员优化分配》方案规定解除与张某的劳动合同的行为属于违法解除劳动关系。同时，某市政工程公司提供的考核评分表显示的部分内容与张某的实际工作内容缺乏关联性，考核不够客观公正，不能据此考核认定张某不能胜任其工作。综上所述，某市政工程公司解除与张某劳动关系的行为属于违法解除劳动合同，应当向张某支付违法解除劳动合同的经济赔偿金。

**【典型意义】**

“末位淘汰制”是企业较为激进的绩效考核方式，系关涉劳动者切身利益的重大事项，其本质是认定考核中排名末位劳动者不能胜任工作。用人单位在推行该制度过程中，除制定程序需符合《中华人民共和国劳动合同法》规定外，应依法先对排名末位员工进行培训或者调整工作岗位，若经培训或者调岗，劳动者仍不能胜任工作，用人单位方可解除劳动合同。因此，用人单位在制定考核制度时，应遵循合法、合理原则，若制定制度违背客观规律，则不仅无法律上的依据，也不具有合理性和正当性，实为解除劳动合同的手段，是违法解除劳动合同的表现形式，侵害了劳动者的合法权益。用人单位据此解除劳动合同的，劳动者有权要求用人单位支付经济赔偿金。

**【关联索引】**

《中华人民共和国劳动合同法》第四条、第十四条、第四十条、第

四十六条、第四十七条、第四十八条、第八十七条，《中华人民共和国民法典》第一百三十五条

**案例 9**

## 某食品公司诉史某劳动争议案

### ——规章制度未经民主程序不对劳动者产生约束力

**【关键词】**

劳动争议　规章制度　工资依据　民主程序

**【基本案情】**

2022 年 10 月 10 日，某食品公司与史某签订劳动合同书，约定史某应聘到某食品公司从事销售工作，担任销售总监职务。劳动合同第十五条约定："在合同期间，乙方（史某）必须严格遵守公司相关规章制度，认真履行工作职责，尽职尽责搞好本职工作。"签订书面劳动合同后，史某即入职开展工作，常在多地为某食品公司开发的食品寻找客户和维护客户关系。因销售职业的特殊性，某食品公司并未要求史某到公司打卡上班。在履行劳动合同期间，某食品公司除为史某报销相关差旅费外，未按合同约定支付史某工资。2022 年 12 月 1 日，史某以某食品公司拖欠工资为由申请离职，某食品公司则认为史某怠于履行工作职责而同意史某离职。史某离职后，于 2023 年 1 月 5 日向当地劳动人事争议仲裁机构申请劳动仲裁，请求裁决某食品公司支付其 2022 年 10 月 10 日至 2022 年 12 月 1 日期间的工资 34193 元、客户提成 420 元、补缴社会保险。2023 年 2 月 17 日，该劳动人事争议仲裁机构作出仲裁裁决，

裁决某食品公司30日内支付史某2022年10月10日至2022年12月1日期间的工资34193元。某食品公司不服该仲裁裁决，遂提起本案诉讼，诉请判决史某在某食品公司领取的工资按实际出勤天数计算。

**【裁判要旨】**

法院生效判决认为，某食品公司提出按照该公司《考勤管理制度》规定，按史某每月实际出勤天数乘以公司当月日工资计算史某实发工资，这与双方劳动合同约定的工资计算标准和方式存在重大差异。用人单位管理制度涉及劳动者切身利益的事项应当经职工代表大会或者全体职工讨论，提出方案和意见，与工会或者职工代表平等协商确定，并将该规章制度和重大事项决定予以公示，或者告知劳动者，否则对劳动者不产生约束效力。本案中，某食品公司提供《考勤管理制度》文本，以会议记录方式来证明该制度已经过职工大会讨论通过，以公示栏照片来证明该制度已进行了公示，但某食品公司提供的会议记录是属于单方即可形成的材料，无相关会议签到册、会议照片、与会人员意见，难以确定会议记录的客观性，无法证明《考勤管理制度》系经平等协商讨论形成；至于某食品公司提供的公示栏照片，其未提供原始电子照片，该照片本身未能客观反映拍摄日期，不能证明《考勤管理制度》已经过公示。基于此，某食品公司未能提供充分证据证明其《考勤管理制度》的形成过程符合法定程序，并且已经将该制度涉及的重大事项公示或告知给史某，故某食品公司的《考勤管理制度》对史某不产生约束力，不能作为计算史某工资的依据，因此某食品公司应当按照合同约定支付史某的劳动报酬。

**【典型意义】**

用人单位人事管理制度或者规章制度涉及劳动者切身利益的重大事项应当经职工代表大会或者全体职工讨论，进行民主协商确定，并征求工会意见。同时，用人单位还应当将直接涉及劳动者切身利益的规章制度和重大事项予以公示，或者告知劳动者，否则该制度或者事项对劳动者不产生约束效力。此外，审查用人单位管理制度效力，还应结合劳动者工作实际进行综合认定。

**【关联索引】**

《中华人民共和国劳动合同法》第四条、第二十九条、第三十条

**案例 10**

## 龙某祥诉某人力资源公司、某通信公司劳动争议案

### ——用工单位不当评选给劳动者造成损害的，应承担赔偿责任

**【关键词】**

劳动争议　劳务派遣　解除劳动关系　连带责任

**【基本案情】**

龙某祥自 2017 年 9 月起被不同的公司分别派遣至某通信公司工作，其中自 2022 年 3 月起系某人力资源公司所派遣。工作期间，因某通信公司未按工作活动方案兑现奖励，龙某祥多次和公司交涉无果，双方遂产生矛盾纠纷。2022 年 6 月 7 日，某通信公司采取面试评分的方式组织双选，但在双选过程中进行主观操作，致使龙某祥在此次双选中评分较差而落选。落选后，某通信公司未明确安排龙某祥工作岗位但要求龙某祥按照某通信公司规定按时考勤打卡、参加晨会，也未明确给龙某祥答复具体处理的方案，时间持续长达 1 个月。2022 年 7 月 15 日，龙某祥

向某通信公司、某人力资源公司发送《被迫离职通知书》，某人力资源公司于2022年7月22日回函表示同意其离职。之后，三方因对劳动关系的主体以及解除劳动关系之后的相关赔偿事宜协商未果，龙某祥遂申请劳动仲裁。仲裁裁决作出后，龙某祥不服，认为其离职系某通信公司违规双选所致且仲裁裁决的相关费用计算错误，遂诉至法院。

## 【裁判要旨】

法院生效判决认为，某通信公司在双选过程中进行主观操作，龙某祥竞选的2个岗位最后得分仅为38.22分、41.11分，小项目分数甚至出现0分的情况，而其他人员评分均在90分以上，分差较大，但某通信公司及评分人员未能给出龙某祥被扣分的具体原因和事由，评分结果主观随意性极大、针对性较强，评选结果并不能反映客观情况。龙某祥落选之后，某通信公司在长达1个月的时间内未给龙某祥安排工作岗位，也未进行明确答复，龙某祥因此发出《被迫离职通知书》。虽然由龙某祥发出离职通知书，但综合案件整体情况分析，龙某祥离职系因某通信公司和某人力资源公司意图变相解除劳动合同所致，属于违法解除劳动合同，应该按照法律规定支付经济赔偿金。根据《中华人民共和国劳动合同法》第九十二条的规定，在劳务派遣用工关系中，用工单位造成劳动者损害的，劳务派遣单位与用工单位应承担连带责任，遂判决某通信公司、某人力资源公司向龙某祥支付违法解除劳动合同的经济赔偿金。

## 【典型意义】

劳务派遣是现代企业常见的用工方式，但用工单位对被派遣劳动者进行不当评选，致使劳动者落选，系迫使劳动者主动离职，属于变相违法解除劳动合同的情形。此外，不当评选还可能造成劳动者社会信用受损，妨碍劳动者再就业。有鉴于此，依法认定派遣单位、用工单位对不当评选给劳动者造成的损害承担责任，不但可以引导用工单位依法规范用工，切实保障劳动者的合法权益，同时也可以督促用人单位履行主体责任，关注劳动者工作状况，避免其遭受不公待遇。

**【关联索引】**

《中华人民共和国劳动合同法》第四十七条、第八十七条、第九十二条

## 新类型疑难案例选评

# 李某群诉浙江某公司劳动争议案

张小清*

【裁判要旨】

疑似职业病病人在诊断、医学观察期间的费用，由用人单位承担。对于“疑似职业病期间”的认定，需结合劳动者的病情、就诊情况、就诊时间、病情与职业病的关联性等进行综合判断。疑似职业病病人对于超出合理范围的医疗费用，无权要求用人单位负担。

【案件索引】

一审：浙江省瑞安市人民法院（2024）浙0381民初4035号（2024年10月8日）

【基本案情】

原告李某群诉称：2013年3月，原告李某群应聘进入被告浙江某公司从事无纺布检验工作，约定月工资12000元。2022年3月29日，

* 作者单位：浙江省瑞安市人民法院。

原告因身体不适住院治疗，经瑞安市某医院诊断为肺部感染、尘肺可能、慢性阻塞性肺疾病等。原告向被告提出职业病工伤鉴定，但被告拒不配合，原告无奈只能一边上班一边求医。在此期间，原告多次要求被告配合进行工伤认定与职业病鉴定，但均遭到被告拒绝。2023 年 4 月 27 日，经温州市职业病诊断鉴定委员会鉴定，原告为职业性滑粉石尘肺三期。2023 年 6 月 14 日，瑞安市人力资源和社会保障局认定原告此次事故伤害为工伤。2023 年 7 月 31 日，经温州市劳动能力鉴定委员会鉴定，原告因工致残等级为一级。因此，原告停工 16 个月，被告应支付停工留薪期工资 192000 元。原告在工伤治疗期间，因被告拒不支付任何费用，也不配合办理工伤认定，原告不得不使用自身的医疗保险以减少费用支出，导致工伤保险基金无法报销其医疗费。诉讼中，原告明确医疗费合计为 125908. 35 元，各项款项合计金额为 377848. 35 元。

被告浙江某公司辩称：原告李某群诉称约定的月工资不实。原告李某群诉请要求被告赔偿住院伙食补助费、医疗费于法无据，应由工伤保险基金支付。被告已经按照仲裁裁决书配合其办理一次性伤残补助金、伤残津贴等工伤保险待遇申领手续，停工留薪期间待遇工资、住院护理费、交通费已经仲裁 137586 元，被告愿意支付。

法院经审理查明：2018 年 8 月，原告李某群入职被告浙江某公司从事无纺布检验工作，被告已为原告办理工伤保险。2022 年 3 月 29 日，原告因身体不适前往瑞安市某医院住院治疗，出院诊断为肺部感染、尘肺可能、慢性阻塞性肺疾病等。2023 年 1 月 17 日，温州市龙湾区某医院作出职业病诊断证明书，诊断原告为职业性滑石粉尘肺三期。2023 年 4 月 27 日，温州市职业病诊断鉴定委员会作出职业病鉴定书，鉴定结论为：（1）维持温州市龙湾区某医院诊断结论；（2）本次鉴定结论为职业性滑石粉尘肺三期。

2023 年 2 月 10 日，原告向瑞安市人力资源和社会保障局提出工伤认定申请。2023 年 6 月 14 日，瑞安市人力资源和社会保障局作出认定工伤决定书，认定原告所受伤害为工伤。2023 年 7 月 31 日，温州市劳动能力鉴定委员会出具劳动能力初次鉴定结论书，评定原告致残等级为一级，无生活自理障碍。

2022 年 3 月 29 日至 2023 年 10 月 26 日期间，原告于浙江省、重庆市两地住院 23 次累计住院 163 天，住院费用自负合计 15129. 82 元；其中，原告于 2023 年 3 月 7 日至 3 月 15 日在四川省成都某医院住院 8 天，产生费用合计 52404. 63 元，均为原告自付。同时，原告在 2022 年 6 月 17 日至 2023 年 10 月 28 日门诊自付费用合计 5802. 44 元。

2023 年 9 月 20 日，原告向瑞安市劳动人事争议仲裁委员会提出仲裁申请。2023 年 12 月 3 日，仲裁委作出浙瑞安劳人仲案（2023）1520 号仲裁裁决，认定被申请人应支付申请人停工留薪期工资 98566 元、住院护理费 33020 元、交通费 6000 元，并裁决被申请人于本裁决生效后 10 日内配合申请人办理一次性伤残补助金、伤残津贴等工伤保险待遇申领手续，驳回申请人的其余仲裁请求。仲裁后，被告已配合原告办理一次性伤残补助金、伤残津贴等工伤保险待遇申领手续，瑞安市人力资源和社会保障局于 2023 年 12 月 15 日核定伤残津贴待遇标准为 4113 元，一次性伤残补助金 123390 元，2023 年 4 月 29 日、30 日门诊医疗费 1757. 33 元。原告不服裁决其他内容，向法院提起诉讼。

**【裁判结果】**

法院生效裁判认为：

2022 年 3 月 29 日，原告因身体不适进行住院治疗，出院诊断为肺部感染、尘肺可能、慢性阻塞性肺疾病等。2023 年 1 月 17 日，温州市龙湾区某医院作出职业病诊断证明书，诊断原告为职业性滑石粉尘肺三期，可以认定自 2022 年 3 月 29 日起，原告伤势疑似为职业病，根据职业病防治法第五十五条第三款的规定，疑似职业病病人在诊断、医学观察期间的费用，由用人单位承担，故 2022 年 3 月 29 日至 2023 年 1 月

16 日期间原告的医疗费、住院伙食补助费应由被告负担，2023 年 1 月 17 日经工伤认定后，原告享受相应的工伤保险待遇。

关于医疗费，原告提供的医疗费发票中有部分经过医保统筹报销、大病救助及未经核准自行就医等情形，原告主张由被告承担全部医疗费 125908. 35 元，缺乏依据，本院不予支持。其中，原告在 2022 年 3 月 29 日至 2023 年 10 月 26 日期间于浙江省、重庆市两地住院 23 次，住院天数 163 天，住院自付费用合计 15129. 82 元；2022 年 6 月 17 日至 2023 年 10 月 28 日门诊自付费用合计 5802. 44 元，即医疗费自付费用合计 20932. 26 元，该费用包含了原告职业病诊断之后发生在浙江省、重庆市两地的住院及门诊自付费用，被告明确自愿予以负担，本院予以支持。针对原告于 2023 年 3 月 7 日至 3 月 15 日在四川省成都某医院住院 8 日的费用 52404. 63 元，被告不同意负担，结合原告提供的住院病历，本院认为原告前往四川省成都市就医前未经工伤职工异地就医或转院转诊核准，亦无法证明经穴脉冲光磁治疗、三氧自体血等疗法的合理性和必要性，本院对原告关于该笔费用由被告负担的主张不予支持。

关于住院伙食补助费，原告提供的病历及发票显示其至职业病诊断前即 2023 年 1 月 16 日住院 97 天，住院伙食补助费应按照当地最低工资的 35%确定为每天 27 元，经核算住院伙食补助费为 2619 元。

对于护理费、交通费，原告提供的病历及发票显示其至职业病诊断前即 2023 年 1 月 16 日住院 97 天，该期间费用按规定应由被告负担，现仲裁裁决已按 182 天核算护理费，并针对 25 次住院及多次门诊情况支持交通费 6000 元，被告明确自愿按仲裁裁决内容负担护理费 33020 元、交通费 6000 元，本院予以支持，原告主张护理费 39140 元、交通费 10000 元缺乏依据，本院不予支持。

浙江省瑞安市人民法院于 2024 年 10 月 8 日作出（2024）浙 0381 民初 4035 号民事判决：（1）被告浙江某公司于本判决生效之日起 10 日内偿付原告李某群停工留薪期工资、医疗费、住院伙食补助费、护理费、交通费合计171586元；（2）驳回原告李某群的其他诉讼请求。

宣判后，原告李某群与被告浙江某公司均未提起上诉，被告浙江某公司已自动履行判决确定的义务。

［评析］

## 疑似职业病期间医疗费用的承担

职业病的诊断，需综合分析劳动者的职业史、临床表现以及辅助检查结果等因素，历经烦琐的流程和漫长的周期，因此，会产生劳动者在取得职业病诊断前支出的医疗费用等损失无法及时获赔的情形，即本案的争议焦点：作出职业病认定前产生的医疗费用应由谁承担及如何认定医疗费用的合理性，具体分析如下。

### 一、用人单位是否应承担劳动者职业病确诊前的医疗费用

职业病防治法第五十五条第三款规定："疑似职业病病人在诊断、医学观察期间的费用，由用人单位承担。"但对于"疑似职业病"和"诊断、医学观察期间"的定义或解释，在配套规范性文件中没有提及，在职业病防治法颁布后连续多次的修正中也未涉及。

#### （一）"疑似职业病"的界定

根据《疑似职业病界定标准》（GBZ/T 325—2022）第3.1条的规定，疑似职业病的定义为"现有接触证据或医学证据尚不能确定接触职业病危害因素的劳动者所患疾病是否是职业病，需要进一步收集证据以明确诊断的一种暂时的疑似疾病状态"。但实际上，疑似职业病并不一定发展成为职业病，或因严格的职业病诊断标准、程序、单位拒绝配合等原因，出现暂时或者永久性的无法确诊的情况，这不仅是疑似职业

病存在的客观前提，也是其与职业病最大的区别所在。

目前，疑似职业病的定义更像是一个模糊的医学概念而非法律概念，现行法律虽然规定了疑似职业病患者可以享受的相关待遇，但因为立法没有涉及疑似职业病如何判定、由谁判定等程序性问题，造成了相关保障条款很难予以实施。① 实践中也往往确实如此，劳动者一旦出现疑似职业病病症，如果不能快速确诊，在出现病症至被确诊的漫长期间内，将有很大的可能被用人单位以各种理由解除或者变相解除双方之间的劳动关系，从而逃避法律的规制。

笔者认为，一方面，要明确确权机构。一旦劳动者出现职业病症状，可能已经进入了疑似职业病患者的范畴，如果从法律规定上无法明确疑似职业病确定的有权机构，劳动者将永远无法被确认为疑似职业病患者从而无法享受相关待遇。因此，应将疑似职业病的确认机构明确为“医疗卫生机构”，即各地区有资质从事职业病体检的各级医疗机构，包括具有职业病体检资质的专门性医疗机构与各级疾控中心。以本案为例，原告李某群因身体不适前往瑞安市某医院住院治疗，出院诊断为肺部感染、尘肺可能、慢性阻塞性肺疾病等。瑞安市某医院是一所三级甲等综合性医院，具有职业病体检资质，属于有权确认机构。另一方面，要明确界定标准。疑似职业病的界定应以职业病定义作为参照，所患疾病应在《职业病分类和目录》范围之内，进而基于现有的疾病证据、接触证据、疾病与接触的职业病危害因素之间因果关系等相关证据进行界定。

### （二）“疑似职业病期间”的认定

不同于事故伤害的突发性和表象性，职业病属于累积病症，往往是

① 参见屈鲁宁：《疑似职业病期间的界定与工资待遇保障问题》，载《中国人力资源开发》2014 年第 24 期。

因劳动者长期接触的毒害因素在体内逐渐积累而形成的，具有一定的渐进性和隐蔽性，从劳动者病发直到确诊为职业病可能需要经历较长的时间，短则数月，长则数年。也就是说，职业病诊断证明书、职业病鉴定书实质上是对劳动者已经患有职业病的情况进行事实上的盖棺定论，而人力资源和社会保障局作出的认定工伤决定书则是对患职业病的劳动者能够享受工伤保险待遇的资格进行法律上的认可，两份文书均不足以构成对劳动者真正罹患职业病开始时间的认定，但现行法律对疑似职业病的起止期间未作任何说明。

从医学角度看，疑似职业病期间开始时间应以患者自述为主要诊疗依据，但是在司法实务中，关键时间节点的确认应当以证明效力较高的证据为准，以避免出现较大的争议。故此，疑似职业病期间应当是体检异常通知下发当日或因急性职业病发生之日起至职业病诊断确诊之日。

笔者认为，只要劳动者能够提供完整、连续的与查明职业病病因、开展职业病救治有关的诊疗记录等证据材料，用人单位就应当认可其患职业病的最早开始时间。司法实践中，应依据劳动者的病情、就诊时间、就诊情况及其与确诊职业病之间的关联性等因素综合判断，并从维护职业病患者利益的角度予以从宽把握。具体到本案，原告李某群第一次就诊住院时间为 2022 年 3 月 29 日，就诊地点为瑞安市某医院，后虽辗转于浙江省、重庆市两地住院治疗，但因第一次诊断结果已涉及肺部感染、尘肺可能等，故应认定其于 2022 年 3 月 29 日开始已出现职业病伤害后果。之后，温州市龙湾区某医院于 2023 年 1 月 17 日作出职业病诊断证明书，诊断原告李某群为职业性滑石粉尘肺三期，故 2022 年 3 月 29 日至 2023 年 1 月 16 日期间应当认定为疑似职业病期间。

### （三）责任承担主体的明确

有观点认为，疑似职业病病人只是未被诊断职业病病人期间的临时称谓，劳动者一旦被诊断为职业病病人，该职业病诊断结论效力追溯至诊断病情之日，故劳动者在被诊断、鉴定为职业病前所发生的医疗费用应属工伤保险基金支付范围。[①] 但笔者认为，职业病防治法的立法原意是为了更好地督促用人单位做好职业病防护措施，经常或定期对劳动者的身体健康状况安排体检，一旦发病，用人单位需要及时送医诊断劳动者是否为职业病而保障职工合法权益。若职业病诊断结论效力可以追溯到病情诊断之时，劳动者从病情诊断之时开始享有工伤保险待遇，用人单位则不需要承担任何费用，这必然会削弱用人单位投入资金改善工作环境的内驱力，反而将该部分成本转嫁于社会保险。

因此，疑似职业病病人被诊断、鉴定为职业病之前的费用，包括诊断机构费用和医院诊疗费用，由用人单位负担，既可以保护患职业病的职工的权益，也有利于督促用人单位尽到法定防护义务，更符合立法精神。具体到本案中，原告李某群主张的自2022年3月29日起至2023年1月16日期间的医疗费、交通费、食宿费，均应由被告浙江某公司承担，2023年1月16日之后，原告李某群可以享受相关的工伤保险待遇，相关项目应当由工伤保险基金支付。

## 二、用人单位承担的费用范围如何明晰

近年来，随着科学技术的发展，医疗手段日益丰富，但部分医疗机构受利益驱动，推出大量高额诊疗项目，部分劳动者求医心切，不免滋生乱投医的心态，因此支出的高额费用要求用人单位承担，加剧了劳动者与用人单位之间的矛盾冲突。因此，需要在职业病患者权益保护与用人单位利益维护之间寻求合理边界，既不能损害职业病患者利益，亦不可过分加重企业用人负担。

---

① 参见苏子文、林彩霞：《试论职业病职工工伤医疗待遇起算点》，载《法制与社会》2014年第10期。

### （一）损失范围应坚持依法、合理、必要原则

从工伤保险起源看，工伤责任事故保险的设立，就是为了弥补通过普通民事程序获得民事侵权赔偿救济的缺陷。工伤保险待遇的项目由法律明确规定，劳动者发生工伤事故后，依照法定标准获得治疗费、工伤津贴、伤残抚恤金、伤残补助金等费用。[①] 由于工伤保险遵循无过错责任原则，即无须考虑用人单位是否有过错，也无须考虑劳动者是否有过错，只要有工伤事故发生的事实，劳动者就有权获得工伤保险待遇救济，这极大地方便了劳动者获得赔偿，也确保劳动者及时收到赔偿款项。而对民事侵权损害的赔偿，则需要依照民法典侵权责任的相关规定执行。民法典第一千一百七十九条规定："侵害他人造成人身损害的，应当赔偿医疗费、护理费、交通费、营养费、住院伙食补助费等为治疗和康复支出的合理费用，以及因误工减少的收入。造成残疾的，还应当赔偿残疾生活辅助器具费和残疾赔偿金；造成死亡的，还应当赔偿丧葬费和死亡赔偿金。"

疑似职业病病人，尚未获得工伤认定，可以依据民法典第一千一百七十九条的规定主张权利，用人单位对医学观察期间的损失项目应当予以赔偿，赔偿仍应以填补损失为原则。但本案中原告李某群在医院观察期间产生的医疗费用已通过医疗保险基金报销，其已报销部分仍要求用人单位负担，明显缺乏合理性，未得到法院支持，而对于其自费部分，工伤保险基金未予负担，则应由用人单位予以赔偿。

### （二）超出合理范围的医疗费用应由劳动者自行承担

疑似职业病患者可以获得赔偿的项目已具有较为明确的规定，但对于具体项目的认定，还需要坚持适度、必要、合理原则。由于社会发

① 参见黄旭东：《职业病患者能否请求双重赔偿》，载《人民司法》2011年第12期。

展，劳动者追求自身健康的诉求和意愿更加强烈，互联网的发展又助推信息泛滥，为此，劳动者无法识别治疗手段的合理性，若仅以费用支出作为用人单位赔偿的依据，将造成劳动者与用人单位之间权益的失衡，损害用人单位正常用工制度，进而影响营商环境的优化提升。具体到本案中，原告李某群务工地即被告所在地为浙江省瑞安市，李某群返回住所地重庆市辖区医院就医，符合《工伤保险条例》的相关规定，也符合人之常情。在住所地医院就医期间，原告李某群持续前往重庆市万州区某镇中心卫生院住院治疗，治疗频次、时间呈现稳定特征，费用支出无较大波动，但李某群于2023年3月5日从原就医医院出院，并于2023年3月7日至3月15日入住四川省成都某医院，在该医院除接受常规治疗项目外，接受经穴脉冲光磁治疗、经纤支镜肺泡灌洗诊疗、三氧自体血疗等治疗，为此产生医疗费用52404.63元，严重偏离常规治疗金额。同时，法院经查阅相关信息、向行业内医生了解，该类治疗手段声称具有调节免疫等功能，临床效果无相关证据支撑。劳动者有为了追求自身健康获得各类治疗的权利，但对于超过必要限度的治疗手段产生的费用，应由劳动者自行承担，故对于原告李某群要求被告浙江某公司承担该部分医疗费用的请求，法院未予支持。

# 最新法律文件解读丛书

## 稿　约

最新法律文件解读丛书是一套以为最新法律规范提供同步“解读”为主的系列丛书，分为刑事、民事、商事、行政与执行4个分册，按月出版。

本丛书以“解读”为重点，突出全、专、新、快、准等特点，通过对最新出台的法律、法规、司法解释、部门规章以及重要地方性法规进行同步动态解读，弥补了法律、法规、司法解释汇编类出版物没有同步阐释、解读内容的不足，为广大读者学习理解最新法律规范，正确贯彻执行法律文件，及时解决实践中的新情况、新问题，提供一个全方位、多层面的法律信息平台。

欢迎您向以下栏目赐稿：

**【最新法律文件解读】**主要是对最新颁行的法律文件进行解读，帮助司法和执法人员正确理解法律文件的立法背景、意义、重点内容、在适用中应注意的问题、与相关法律文件的衔接与互动关系等。

**【司法实务问题研究】**主要刊登对司法理论、实务及司法管理工作中的热点、疑难问题进行研究及评论的文章。

**【新类型疑难案例选评】**主要是对司法和行政执法实践中具有典型性和代表性的疑难案例，结合具体案情以及审理或处理结果进行简练精辟的点评，解析认识问题的方法、处理问题的法律依据和在个案中的具体适用。

**【法学前沿与新视点】**以摘要的形式刊登相关法学理论研究的最新动态及具有代表性和典型性的前沿问题，扩展法学研究的深度和广度。

**【法律适用问题解答】**主要针对司法和行政执法实践中面临的新问题、热点问题、疑难问题进行简要的解答，指出涉及的法律关系，明确法律适用依据。

稿件一经刊用即付稿酬，稿酬从优。


《刑事法律文件解读》　邓颖君　邮箱：1932255340@qq.com

《民事法律文件解读》　杨　洁　邮箱：1216921515@qq.com

《商事法律文件解读》　路建华　邮箱：shangshijiedu@126.com

《行政与执行法律文件解读》　丁塞峨　邮箱：1290312696@qq.com


**人民法院出版社**

**最新法律文件解读丛书编辑部**